作文好好玩

讀寫結合 高級

作者◎管家琪．房科劍　繪圖◎吳嘉鴻

〔給大朋友的話1〕

讀寫結合，作文起飛

◎管家琪

「如何有效的指導孩子們作文？」是華文世界所有中文語文教師都倍感頭疼的難題；「我的孩子課外書看得也不少，怎麼好像就是沒有辦法提筆作文？」是很多父母共同的困惑；「到底該如何掌握作文基本的方法與技巧？」更是絕大多數的孩子們都很關心的問題。這套《作文好好玩——讀寫結合》系列，是以孩子們為主要閱讀對象，讓孩子們可以獨立閱讀，同時也提供給老師和家長很大的參考。

這套系列，我們以一套完整的作文方法作為基礎，根據不同年齡層的孩子，由淺入深，讓孩子們都能掌握。在「讀」的方面，我們挑選一些適合不同年齡階段的孩子們適讀的文章，然後從該篇文章出發，設計相應的語文活動，並示範如何做細緻且獨到的帶領，引導孩子們能夠非常自然的從「讀」慢慢進入到「寫」，從而提升孩子們「寫」的能力。

以往我已經為小朋友編寫過一些跟作文有關的書，回響都很好。雖然作文的基本道理都差不多，但是到底該怎麼說，怎麼說才有效、才能讓小朋友吸收，還是需要煞費苦心。在這一方面，我有一個原則，就是絕不炒自己的冷飯，我希望每一套書都能自成一格，也都能有一番新意。之前我都是單兵作業，獨力完成，這套《作文好好玩——讀寫結合》系列，我有一個新的嘗試，就是邀請我的好朋友房科劍老師聯手合作，一起精心打造。房老師是大陸一位資深且優秀的第一線語文教師，對於不同年齡層孩子的特質以及領會能力有相當精準的掌握。書中所有趣味語文活動，都由房老師設計和帶領，遊戲性和可操作性很高，不但孩子在自己閱讀的時候，會讀得津津有味，同時也等於提供一些具體的教案給老師和家長。

我們從關注絕大多數孩子的角度來選擇所有的內容，包括「讀」的部分、趣味語文活動以及習作案例等等，讓不同程度的孩子都能從書中找到知音，不再對作文望而生畏，更要讓絕大多數的親師和孩子們都能感到平易近人，一方面讓有心指導小朋友作文的大人，覺得這套叢書容易使用且利於學習，明白原來指導孩子們作文也可以變得這麼有趣；另一方面更要讓孩子們體會，原來閱讀和寫作就像呼吸一樣，是那麼的自然，從而有效的提高小朋友對於讀寫的興趣。

這套《作文好好玩——讀寫結合》系列一共分成基礎、中級和高級三本，三本可以各自獨立，但又一脈相承，有一個整體的系統。

基礎篇和中級篇我們都安排了十課，高級篇安排了十二課，每一課除了一篇孩子們適讀的文章以外，還設計了以下幾個單元：

開心閱讀

針對文章的導讀，可以從中學到哪些對作文有幫助的觀念和技巧。

房老師的趣味語文活動

房老師帶著幾個小朋友共同完成，讓小朋友從遊戲中掌握作文的技巧。

快樂習作

挑選幾篇小朋友的作品，讓小讀者們觀摩。

管阿姨點評

管阿姨針對幾個小朋友的習作，做點評和提醒。

現在，就請大家大手牽小手，一起進入我們的讀寫世界吧！

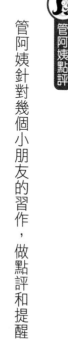

〔給大朋友的話2〕

作文是生活的一部分

◎房科劍

就像說話是交流的工具，作文也是交流的工具。有說話的場合，就有作文的場合，有說話的機會，就有作文的機會。小學生學作文，不是為了當作家，也不是為了應付考試。我在兒童教育中，一直是把作文定位成一種交流的工具。以這樣的理念來指導孩子們作文，發現經常會有意想不到的驚喜，不僅孩子們特別喜歡寫作文，也有很多報刊雜誌喜歡我學生寫的文章。

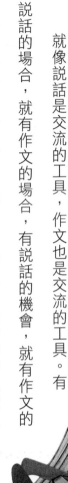

一般人與人之間的交流，往往是靠嘴巴說話達到目的。聾啞人士就得靠手勢交換意見。那麼，不愛說話又不習慣用手勢交流的人，一旦有求於人的時候，該怎麼辦？再說有時候我們需要與更多的人交流，光靠自己的一張嘴去說，根本行不通，不僅很浪費時間，精力上也應付不過來，這個時候，有沒有好的辦法？或者，有的時候腦袋裡突然有個特別好的想法，但身邊一時找不到人可以交流，該如何讓自己的想法趕快保存？仔細想想，每個人都可能碰到這樣的時刻，包括我們的小朋友。這時候會發現，會寫作文是多麼重要，能夠解決很多這樣的難題。

我常常在作文教學中，設計很多需要用到文字的活動，讓孩子覺得自己不是在作文，而是出於交流的需要，因此會主動想要寫點文字。在這種狀態下寫文章，是毫無負擔的，每個孩子都願意積極動腦，快樂的寫作。而在這樣的寫作過程，孩子自然會慢慢明白想要寫什麼，以及該怎麼寫，才能夠更準確的表達自己的意思。

比如自我介紹，面對不同年級的小朋友會有不同的安排。新生見面，讓孩子們先寫好底稿，讓同學們彼此認識，孩子們自然會展示自己傑出的一面；在競選班級或某些職位時，也可以讓孩子寫好演講稿，爭取支持，他們就能夠根據自己的特長以及職位的需要，選擇材料來寫；在全校舉辦「徵友博覽會」，讓孩子跨班跨年級來徵集好朋友，孩子們會展示自己的愛好和個性，而選擇適合興趣相投的朋友；在畢業班裡，大家寫寫自己的理想，用信封保存在老師的書櫃裡，十年後再相聚老師這兒取信，看看當時的理想是否實現……在這樣的活動中，孩子們往往在動筆前，很自然的就會想，這篇文章是為誰寫的，我該告訴他什麼，該如何告訴他，才能夠達到目的？

和管老師合作的這套書裡，都是我經常和孩子們一起玩的趣味語文遊戲。這套書在動筆前，就已經定下「寓教於樂」、「讀寫結合」這兩個宗旨，並且經過非常周密的討論和設計，使每一個活動，都能在非常自然的情況下和語文教育連結。後來在帶活動以及寫作的過程，也愈來愈感覺生活中有太多太多的事情，都具有作文練習的用途。

只要我們再細心一些，用心閱讀，多留心觀察生活，我們的大朋友和小朋友一定會發現，作文就在我們生活的每一個角落。

〔給小朋友的話〕

從遊戲中學習寫作

◎管家琪・房科劍

親愛的小朋友，你好嗎？

這本書也許是爸爸媽媽買給你的，不過，沒有關係，看了之後相信你一定會覺得很有趣。

爸爸媽媽買這本書給你，多半是希望能夠對你的作文有幫助。不過，我們希望你現在暫時

先把「作文」這件事放到一邊，更不要去想什麼「考試要考作文」這種殺風景的事，請你放鬆心情，用一種輕輕鬆鬆的態度來看這本書。

最好能按照順序，從第一課開始慢慢看到第十二課。這就好像你上餐廳吃西餐，一定是先上湯和沙拉，再上主菜，最後才上甜點和飲料。人家會安排這樣的順序一定是有道理的。如果你一上來就想先吃甜點，當然也可以，只是這麼一來也許你就比較無法再去品嘗前面的沙拉和小麵包了。如果這本書你能夠按照順序，從頭慢慢的看下來，相信你的吸收會更好。

希望你能夠從閱讀每一課的文章中，自然培養出對文學的喜好，從「**開心閱讀**」中得到一些語文知識，再從「**房老師的趣味語文活動**」中，

掌握一些作文的實用技巧，並且從「**快樂習作**」中，看看和你年齡相近的小朋友所寫的作品，相信一定很能刺激你的靈感，最後再看看管阿姨怎麼來欣賞這些作品，管阿姨對這幾個小朋友作文的提醒，相信對你同樣可以適用。

在這本書裡，我們所設計的每一個單元，都是與你的閱讀和寫作有關。我們尤其盼望在「**房老師的趣味語文活動**」中，大家不妨放鬆心情，想像一下你也坐在房老師的教室裡，就跟在這個單元中出現的幾個小朋友坐在一起，然後一起上課、一起做遊戲，你一定會很驚訝的發現，原來作文課可以這麼好玩！

閱讀和寫作，絕不是為了應付考試，是為了追求更好、更豐富

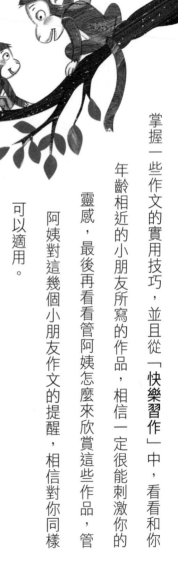

的精神生活。作文更不只是為了能夠在考試中過關斬將，因為所謂的「作文」，就是用文字把你所看到的以及所想到的寫下來而已，這是我們每一個人都很需要、也都應該具備的一種基本能力。你們現在還小，等你們慢慢長大，將來不管你們是在社會哪一個工作崗位上奉獻你的心力，如果你有閱讀和寫作的習慣，特別是如果你有很好的作文能力，你的生活一定會比較充實，做任何事也一定都會比較出色。

最後，祝你健康快樂！

你永遠的大朋友　管家琪・房科劍

寫在前面

作文能力是需要慢慢培養的，不可能一蹴可幾，對於不同年齡層的孩子，我們要有不同的設計和期望。對於高年級的小朋友，我們除了仍要把有關作文的基本觀念都先梳理清楚之外，也要更深入的向小朋友介紹一些實用的作文技巧。

在這本高年級的讀本中，我們的重點有以下十二個，每一個重點安排一課，一共是十二課。

・累積詞彙

- 訓練觀察力
- 從核心主題發揮
- 蒐集材料
- 掌握重點、條理分明
- 用字精鍊
- 說清楚、寫明白
- 寫人（要注意人物的性格和內心活動）
- 寫物（每個東西都有它背後的故事，要注意感情的聯繫）
- 寫景（注意親近自然，大自然是最好的老師）
- 小題大作（這是作文很好用的重要技巧）
- 快速吸引讀者（包括題目和結構）

給大朋友的話

給小朋友的話

第一課 有深意又好用的格言

學問類

爲善最樂，讀書便佳。

（做善事是最快樂的事，但是讀書可以教化鄉里比做善事更好。）

讀書即未成名，究竟人高品雅；

修德不期獲報，自然夢穩心安。

（讀書即使不能成名，至少可以使人品德高雅；修養德行而不期望回報，自然心安理得。）

讀未見書，如得良友；

見已讀書，如逢故人。

（讀沒見過的書像得到一個好友，重溫讀過的書則像遇到一個老朋友。）

處事類

緩事宜急幹，敏則有功；

急事宜緩辦，忙則多錯。

（對於眼前不重要的事情也應盡快處理，動作快便有效率；對於緊急的事則應放慢步調，以免忙中出錯。）

不自反者，看不出一身病痛；

不耐煩者，做不成一件事業。

（不自我反省的人，看不出自己一身的毛病；沒有耐心的人，則不能成就一件事業。）

日日行，不怕千萬里；

常常做，不怕千萬事。

（天天走路，不怕路有千萬里，終能走到；天天做事，不怕有千萬件事待做，也終能完成。）

齊家類

勤儉，治家之本。

和順，齊家之本。

謹慎，保家之本。

詩書，起家之本。

忠孝，傳家之本。

（勤儉是治家的根本，和順是齊家的根本。保家的根本是謹慎。起家的根本是詩書。傳家的根本是忠孝。）

父母所欲爲者，我繼述之；

父母所重念者，我親厚之。

（父母生前所致力去做的事，我要繼承，繼續做下去；父母生前所掛念的人，我要好好照顧，像父母生前那樣的厚待他。）

現在之福，積自祖宗者，不可不惜；

將來之福，貽於子孫者，不可不培。

現在之福如點燈，隨點則隨竭；

將來之福如添油，愈添則愈明。

（現在所享的福澤是祖宗所給，不能不愛惜；將來的福澤是留給子孫的，不能不培植。現在所享的福澤像點油燈，點一次就少一點；未來的福澤像添燈油，欲添油燈就愈明亮。）

開心閱讀

清代山陰金先生編了一本書，叫作《格言聯璧》，蒐集了許多格言，一共分為十大類。我們在這裡僅僅介紹了三類，每一類介紹三則。小朋友有興趣的話，不妨自己再多蒐集一些，記在本子上，作為作文的素材。

《格言聯璧》問世以後，就一直在民間廣為流傳。在過去教育還不夠普及的時代，這一類的格言對於教化社會人心具有一定的幫助。這些格言，雖然有些已經不符合現代人的價值觀（譬如貶抑女性的部分），但是大部分都還是經得起時間的考驗，就算是在二十一世紀的今天讀來，仍然會讓人感覺到很有哲理。

小朋友們接觸這些格言，對於作文也會很有幫助。因為，想要寫一篇出色的文章，只是積累足夠的詞語（包括成語、俗語、歇後語等等）還是不夠的，如果還能積累一些格言、對聯或詩句，並且能夠適當的用在文章裡，將能產生非常巧妙的畫龍點睛的作用。

房老師的趣味語文活動

格言對聯對對碰

房老師把小朋友帶到操場上，分成兩隊。

房老師說：「今天的遊戲就叫作『格言對聯對對碰』。我們分成紅黃兩隊，兩隊同學相隔一步的距離面對面站著。首先，紅隊自由選出人選來出題，最多一連可以出三個有關格言或者對聯的問題，讓黃隊三個小朋友一個一個的來回答，黃隊的小朋友只要回答正確就過關。如果有一個人回答錯誤，紅隊馬上就可以去抓黃隊的人，黃隊的小朋友要趕快跑，能跑回到大本營裡就安全，被抓到的則淘汰出局。然後換成黃隊出題。如果黃隊能夠正確回答完三個問題，這個時候也輪到黃隊出題來考紅隊了。遊戲按這方式輪流進行，最後看哪個隊伍還有隊員，就是勝利的一隊。」

有小朋友問：「如果我們自己都不確定答案正不正確，抓錯了人那怎麼辦？」

房老師說：「所以在出題目的時候一定要慎重啊。如果抓錯了，抓錯人的隊員就要被淘汰。」

接下來，兩隊隊員都開始認真搜索大腦資料庫裡的格言對聯，大家一起合力出題。

過了一會兒，房老師說：「好，『格言對聯對對碰』，現在開始！」

紅隊先出題。紅隊的第一棒是陳儀小朋友。

陳儀問黃隊的第一棒歐宇娟：「請說出一句珍惜時間的格言來。」

歐宇娟「接招」，馬上說：「少壯不努力，老大徒傷悲。」

紅隊第二棒王亞洲走上前問：「請再說出一句珍惜時間的格言來。」

黃隊的張惠玲說：「一寸光陰一寸金，寸金難買寸光陰。」

紅隊的第三棒歐夢賢上來了，他愣了一下，看看房老師，有一點猶豫，問：「我還能說『請再說出一句珍惜時間的格言』來嗎？」

大家都笑了。

黃隊的第三棒房婉瑩笑著說：「這有什麼問題！『黑髮不知勤學早，白首方悔讀書遲』。」

黃隊三個小朋友全部過關，現在輪到黃隊出題來考紅隊了。

黃隊的張娜一上來就說了一個對聯的故事。「從前有一個窮書生，非常喜歡寫對聯。他家門前有個財主，瞧不起窮書生。有一年，窮書生在門聯上寫了一副對聯：『門對千根竹，家藏萬卷書』。財主一看，氣得不得了，怎麼把我家的竹子寫到他家門上去了？怎麼辦？」

紅隊王亞洲搶著說：「把竹子砍掉。」

張娜瞪了王亞洲一眼：「不是啦，這個財主跑去向窮書生抗議，叫他改對聯，那如果你們是窮書生，該怎麼來改對聯？」

紅隊陳儀說：「那就改成『門對千根短竹子，家藏萬卷大好書。』」

張娜紅著臉說：「不好意思，我還是沒有講清楚，窮書生寫的是春聯，不能重寫，不能在中間加字的，但是可以在後面加字，而且只能加一個字。」

陳儀說：「門對千根竹短，家藏萬卷書長。」

張娜說：「你說得沒錯，可是，那個財主一看，氣得把竹子都連根拔了，看窮書生怎麼來個『竹短』？窮書生這個時候該怎麼辦呢？如果再加一個字，該怎麼加？」

大家都認真的討論起來。

過了一會兒，還是陳儀說：「『門對千根竹短無，家藏萬卷書長有』，怎麼樣？」

張娜驚奇的說：「你怎麼這麼厲害？」

陳儀說：「『人不可貌相，海水不可斗量』嘛。不是啦，其實是因為我也看過這個對聯的故事呢。」

結果，等於張娜小朋友代表黃隊把這一輪的三個問題都考完了。現在又輪到紅隊要出題了。

陳儀對張娜說：「讓我送你一句格言——『讀一本好書，就像交了一個朋友。』知道這是誰寫的格言嗎？」

張娜說：「不知道。」

陳儀馬上指揮隊友說：「抓！」

就在這樣熱熱鬧鬧的跑跑跳跳當中，大家自然而然的互相交流了很多的格言和對聯。

最後，房老師總結說：「希望大家以後常常一起玩這樣有知識性的遊戲，既快樂，又能讓腦子靈活，還能夠交流許多精采的格言和對聯。『世上無難事，只怕有心人』。相信你們的知識會越來越淵博，寫作時也就會輕輕鬆鬆的隨手拈來許多的妙語。」

快樂習作

讓小朋友在文章中試著自然融入一些格言或是對聯。

有趣的「買格言」

◎李思瑤

你們聽說過格言可以買嗎？沒有聽說過吧，今天，房老師就帶我們玩了這個遊戲——「買格言」。

房老師在幾張紙上分別寫了一條格言，把格言一句句的撕下來，折疊在一起，然後放進一個白色的筒裡。

房老師要我們按學號輪流上台抽籤。第一個上去的是陳儀，我們都拍手叫喊起來。她勇敢的走上台，用手在大筒裡翻了又翻，最後抓了一個紙條——「讀一本好書，就像交了一個益友」。陳儀把這個格言的意思講出來後，房老師又說：「這個格言告訴我們，人如果讀了一本好書，就像是交了一個好朋友。」房老師這番話提醒了我，是啊，我們要多讀好書，讀對我們有好影響的書，這樣就像從書中找到一個好朋友，能鼓勵自己也成為那樣的人。我這樣想。

輪到我上去抽了，我興奮極了，我會抽到一句什麼格言呢？我心想。於是，我充滿期待的走上台。我把手伸進抽籤筒裡，膽怯的拿了一張小紙條。我打開一看，噢，原來是——「讀一本好書，就如同和一個高尚的人在交談。」我的心情一下子緊張起來，嘴裡半天也吐不出一個字。幸虧我抽中的格言意思和陳儀的差不多，房老師就沒有讓我再重複了。這時，我的心才平靜下來。

其實知識並不是枯燥無味的，在快樂的玩耍中也能學到知識。

我愛旅行 ◎房婉瑩

古人常說：「行萬里路，讀萬卷書。」是的，我不但愛讀書，我還是一個愛旅行的小女孩，我去過的地方特別多，就給你介紹兩處吧！

自從看了《安徒生童話》之後，我就很想去見見故事中的美人魚。正好今年（二〇一一）有世博會，可以去丹麥館看看。說走就走。今年暑假八月時，我們一家三口去了上海，到丹麥館看美人魚。一到入口，一位美麗的外國姊姊給我們解開了一根紅帶子，我們就進去了。那位外國姊姊的衣服上寫了「小美人魚」幾個字，我向爸爸嚷嚷著要和外國姊姊照相，爸爸讓我自己去跟外國姊姊說。

我便害羞的過去，用英語對外國姊姊說了聲：「How are you?」外國姊姊卻對我說了一連串英語，我一句也沒聽懂，本來想問爸爸的，可是，我突然覺得她好像是在說中文，於是，我就用中文對外國姊姊說一聲：「我能和你拍張照嗎？」外國姊姊用不太流利的中文說：「好啊！」我便和這條「小美人魚」拍了一張照片，我好高興啊！

說來也巧，正好三年級學了西湖的一首詩，是這麼寫的：「水光瀲灩晴方好，山色空濛雨亦奇。欲把西湖比西子，淡妝濃抹總相宜。」我今年就正好去了這個旅遊勝地——西湖。

那天的天氣真好，我們在斷橋上照了相，我還在西湖邊上朗誦了這首詩哦！而且還在西湖邊買了一把傘作紀念呢！我聽過許多關於白蛇傳的故事，所以我特意去了雷峰塔看「白娘子」。牆上有些用金子鑄的畫，用玻璃隔著，那些圖畫可就是白娘子當年的故事。

大家喜歡旅行嗎？如果喜歡的話，讓爸爸媽媽帶你一起去旅行吧！

我喜歡班長抽的格言

◎李佳薇

班長抽中的一條格言是：「讀一本好書，就像交了一個益友。」班長讀了出來，大家討論起來。好書怎麼是朋友了呢？房老師問班長想不想把這條格言送出去。班長說她喜歡這條格言，她說格言的意思是「讀了一本好書，如同交了一個好朋友」。她還講讀了《窗邊的小豆豆》後，她便喜歡上了小豆豆；讀了《長襪子皮皮》，皮皮就給她帶來了許多快樂。我們都鼓掌說對。於是，班長就成了這條格言的買主了。其實我也很想讀書啊，我也讀過不少好書，我一定要好好向書裡最好的主人學習，我會擁有更多的好朋友。

找對聯 ◎李澤南

對聯在我們這裡用得很多。春節來臨了，家家戶戶都會在大門口貼上春聯，用的最多的是：「春回大地，萬象更新。」

還有我們這裡做喜事，都會在酒店門口貼上一副對聯，做壽的叫壽聯，聽得多的一副是：「壽比南山松不老，福如東海水長流。」小孩的對聯就不說這個，說什麼湯餅。住上新房了就有喬遷新居聯，孩子升大學了有升學聯。新店開張有開張聯。結婚的對聯貼的最多，幾乎家裡的每一個門上都要貼，洞房有洞房聯，兄弟姊妹爸爸媽媽的住房都要根據大人的意思寫上一些團結的意思。

最感人的是人死了，那些寫得很悲痛的對聯到處都貼了，非常淒慘的，都是「生死離別」啊、「陰陽相隔」啊、「黃泉路上」啊、「音容宛在」啊等等一些好傷感的詞語。

我從對聯裡能夠讀懂人們的各種感情。

管阿姨點評

這幾篇作品都寫得還不錯，澤南小朋友的〈找對聯〉寫得最好。澤南小朋友先寫自己的觀察，向讀者展現了對聯的豐富和普遍性，幾乎在各個場合都可以看得到，分別代表著不同的含意，最後用「我從對聯裡能夠讀懂人們的各種感情」這句話來作為文章的結束更是精采；這簡單的一句話不僅道出了對聯這種民間文學的精神，也流露出小作者本身飽滿的情感。一篇文章，如果能夠有一句精采的話、讓人一讀之下心靈會受到觸動的話，這篇文章就是非常難得了，更何況這篇文章內容豐富，整體結構也把握得很好。

思瑤小朋友寫的是一堂生動活潑的語文課，讀來相當輕鬆有趣。

婉瑩小朋友的文章也很有趣，只是有一點問題：第一，把參觀世博和去西湖遊玩這兩件事拼在一起顯得有一點突兀，如果能加上一句，比方說「遊完上海世博，我們一家三口又去了附近的杭州玩」，把兩件事比較自然的聯繫在一起，就會比較好；第二，這樣的內容和題目〈我愛旅行〉之間的關係好像還是不夠緊密，〈我愛旅行〉這個題目的側重點似乎應該是在「我為什麼愛旅行？」「旅行帶給我什麼樣的體會和收穫？」而不一定是要那麼詳細的紙上導覽。

佳薇小朋友的文章忘了分段，同時開始得有一點沒頭沒腦，彷彿認定了讀者都應該知道是怎麼回事，又彷彿是思瑤小朋友寫的〈有趣的買格言〉的相關性文章，似乎不像是一篇完整獨立的文章。

延伸活動

和同學一起蒐集農家諺語或是氣象諺語，分門別類做成一本小詞典，並用生活中經歷或見過的例子做解釋。

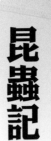

第二課 昆蟲記

《昆蟲記》選段

「為解決自己的食用問題，牠對糞球原料的質量要求一點兒也不高，只是大致分揀一番。牠先用帶齒的頂杈挑那麼兩下，再草草的搜索一遍，剔除些雜質，然後就把原料攏成一堆。製作糞球的時候，兩條強勁有力的前腿參與操作。扁平的前腿是弓形的，表面凸顯著剛健的紋脈，前半部分排列著五個粗壯的尖齒。遇到需要顯示力量、摧垮障礙物、為自己衝開一

條通向糞堆縱深的道路的時候，牠便強行撥掃而進。」（《昆蟲記》第一卷）

「螳螂休息的時候，把捕獵器收折回來，舉在胸前，做出一副不傷人的模樣。我們此時此刻看到的，就是所謂的『禱上帝』。一隻獵物走過這裡，剎那間，祈禱的姿勢消失了。三段構件組成的捕獵器突然伸出，將前端的鉤子送到遠處。只見那鉤子一鉤一收，獵物就被夾在兩段鋸條之間。接著做一個大小臂那樣的合攏動作，老虎鉗吃上了勁；大功告成。蝗蟲也好，螽斯也罷，縱使是其他勁頭更大的小動物，一旦被那四排尖齒鉸住，只能束手就擒。無論牠絕望的顫抖還是拚命的蹬踹，那令人毛骨悚然的兵器都不會鬆開。」（《昆蟲記》第五卷）

「每粒蟋蟀卵，本身都是絕妙的小小機械系統。幼蟲完成孵化時，卵殼就像一個白色的遮光套，頂部有一個很規則的圓孔；沿圓孔周邊扣著一

個拱形頂帽，成為一個封蓋。」（《昆蟲記》第六卷）

「第一位就裝死問題接受我們調查的，是肆無忌憚的剖腹劊子手，生性粗暴的大頭黑布甲。要讓牠做出不動的樣子，辦法很簡單：我用手捏牠片刻，再把牠翻轉過來；我還可以使用更有效的辦法，鬆開手讓牠跌落在桌子上，在一個不太高的高度上重複兩三次。蟲子感受到了碰撞的震動，躺在那裡一動不動，和死了一樣。牠的爪子折縮在肚子前面，兩條癱軟的觸鬚交叉在一起，兩副手鉗都張著口。」（《昆蟲記》第七卷）

「雄蠍邀請雌蠍散步的最初一幕情景，並不是每天晚上都能碰上的。形形色色的蠍子從石片下出現時，都已經結為夫妻了。整個白天，牠們在石片下度過，一律是手指夾著手指，始終不動的臉對臉站著，陷於沉思之中。」（《昆蟲記》第九卷）

「菜粉蝶的一代幼蟲，開始時是包在供胚胎發育的小卵囊裡，安安穩穩的附著在捲心菜底層的菜葉上。可如今，從卵囊的托台直到菜根，這底層部分已經被洗劫一空；構成菜株底部的，只剩下一個個圓洞眼。建築物的根基結構不見了，留下的僅僅是幼蟲定居點的遺跡。小青菜蟲現在都移居到上層葉片區，從今以後，菜葉就是牠們的食物。牠們淺桔黃色的身體上，支楞著稀疏的白色纖毛。小腦袋烏黑油亮，透著虎虎生氣，未來饕餮之徒的氣質，這會兒就已經顯露出來了。小動物眼下才兩公釐長。（《昆蟲記》第十卷）

開心閱讀

《昆蟲記》是法國昆蟲學家法布爾（1823～1915年）的嘔心瀝血之作。

法布爾出生於法國南部的山村，雖然生活艱苦，但是憑著一股驚人的毅力，以及對於昆蟲的熱愛，他傾注了大半生的精力，終於完成了這部偉大的巨著。

閱讀《昆蟲記》，你不但會深深讚嘆於法布爾細膩的觀察，也會感受到法布爾對昆蟲的一種愛心，哪怕是一般人眼裡覺得噁心的糞金龜，在法布爾看來也是那麼的可愛、那麼的神奇。或許就是因為法布爾對各式各樣的昆蟲都抱持著那種毫不造作的愛心，使得他在面對這些小動物時，經常會冒出許多童話般的想像。這也使得這套昆蟲觀察實錄充滿了文學性，就算你本來並不像法布爾那樣的熱愛昆蟲，相信也會讀得津津有味。《昆蟲記》不但是精采的科普讀物，也是優美的散文。

《昆蟲記》原書厚達十大卷，所以我們在坊間看到的《昆蟲記》幾乎都是選本，大家在選購之前不妨先比較一下各個出版社不同版本的內容和譯筆。

房老師的趣味語文活動

找我的樹

房老師問：「大家熟悉山林環境嗎？」

陳儀說：「當然熟悉，我小時候在幕阜山森林公園住了好多年呢。一草一木，我都聞得出味道。」

李澤南說：「我有些害怕去山林。我是在杭州長大的。只有暑假才回到老家看看山。」

房老師說：「不管你是熟悉還是害怕，今天老師想帶大家玩一個親近山林的遊戲。這個遊戲，一定會讓你走進一個神祕的世界，相信大家在做完以後，都會喜歡上這個遊戲和遊戲裡所遇到的一切。」

徐旋一說：「不會吧？山林不就是一些樹啊草啊，還有些小蟲子什麼的，哪有什麼神奇的？」

房老師跟大家講解遊戲規則：「我們這個遊戲的名稱叫作『找我的樹』。待會兒我們走到山林邊，兩個人為一組，其中一個人必須蒙著眼睛，另一個人則牽著蒙眼的伙伴在山林裡走上二十步，然後停下來，找到一棵樹，讓蒙眼的伙伴運用眼睛以外的其他感官來感受這棵樹的特徵，稍後再一起返回起點，接著就讓蒙眼的人睜開眼睛，靠著回憶在來時的路上所碰到的一些特點去尋找剛才的那棵樹，如果找對了，這棵樹就以你的名字來命名。」

大家都興致勃勃的跟著房老師來到山林邊。房老師再三叮嚀，叫大家不要走得太快，一方面是為了注意安全，一方面也是為了讓蒙住眼睛的同學能夠細細的感受。同時，眼睛被蒙住的小朋友，一定要牽緊帶路人，而帶路人在能夠保證安全的前提下，不妨選擇一些地面變化比較大的路徑走，這樣一定會給蒙眼的伙伴帶來更多的感受和驚喜。

稍後，等回到課堂以後，房老師要大家根據剛才的活動寫成文章，大家都寫得很精采。

鄧哲寫道：「帶路人牽著我的手，踏上了一段神祕之旅。一路上，我的心咚咚的跳。忽然，我的腳踩了一個空，差點摔了下去。『是深淵嗎？』我問帶路人。他居然說：『好險，我忘了告訴你，我們的右邊是懸崖。』雖然他的口氣聽起來像是在開玩笑，我的心還是快要蹦出來似的，感覺右邊的風好大。我感到帶路人不停的在扯我，我以為要走快一點，忙跨開步伐。不料，腳下一滑，我摔了一跤，摸到了溼漉漉的東西，還軟軟的。這又是什麼呢？帶路人沒說話。一路上什麼也看不見，但總覺得有一雙眼睛在暗處盯著我，上上下下，我好像走在迷宮裡。帶路人告訴我旁邊有一棵樹了。我猛的一抱，哎喲，疼死我了。是一棵長滿刺的樹吧。我被刺得好疼。我很快又跟著帶路人返回起點。我睜開了眼睛，哇，面前好綠，好像也找不到懸崖，但我記得地面是很滑的。哦，是青苔和松針，我沿著這樣的路很快就碰上了那棵帶刺的樹。帶路人說我真厲害。我說我的腳上長了眼睛，也能夠看路記路呢。」

李思瑤在文章裡寫道：「到了山林，我們開始做遊戲找自己的樹。我用手帕把眼睛蒙住，慢慢的往前走。我一直走在平坦的路上，沒有摸到一棵樹。我感覺自己一直在走上坡路，身旁的小刺扎了我四、五下，還碰了陳儀兩下。我找了很久也沒有找到，心裡很焦急。又繼續往上面走。大概走了七、八步，房老師把我叫住了，叫我小心，我嚇得馬上掉頭往回走。我用腳在探路，我探到身旁有一條小路，就往裡面走。我的腳又探到了一個像樹的東西，我用手一摸，真的是一棵樹，我滿心喜悅。我又上摸摸、下摸摸，摸到樹兩旁有兩個凸起來硬邦邦的東西，我還摸到樹下有許多小草和小樹。摸完了，就往回走，回到起點。然後，我把手帕拿下來，開始去找我的樹，一會兒，我就找到了。老師說我找對了。我心裡高興極了。其他同學也找到了自己的樹，大家都很高興。」

最後，房老師總結：「美的景物不僅僅是來自於眼睛，從我們這次蒙著眼找自己的樹來看，大家都能夠全身全心投入，正如鄧哲小朋友說的『眼睛長在腳上了』。只要我們能夠細心觀察，並且用各種感覺去充分體驗，就會有寫不完的豐富細節。」

快樂習作

提醒小朋友要把自己針對主題的觀察當成是文章的素材，並且還要充分運用這些素材，使文章讀起來能夠更生動。

找我的樹 ◎房婉瑩

今天，同學們輕裝上陣，你知道我們要去幹什麼嗎？你千萬不要誤會，我們不是去打仗，而是去山上舉行一個戶外活動。

大家出發了，有的戴著帽子；有的蒙著頭巾；有的閉著眼睛，開始穿過那條盲道。

男生行走時沒有發出什麼聲音，頂多是喝兩口水。而女生這邊卻尖叫連連，罵聲不停呢。有些女生甚至把眼睛睜開了，還不停的尖叫。

過了一會兒，老師把我們帶到山林裡，說要蒙著眼向前走二十步，找到一棵樹，然後回來，再睜開眼睛去找到剛才的樹。

我用絲巾蒙住雙眼，匆匆忙忙的出發了。我左跑右跳，終於摸到了一棵瘦小的樹。我用兩手掌就把那棵樹圍住了，我再仔細一摸，原來樹幹上還有一些小椿子。仔細摸了一番後，我就與匆匆的回到了起點。

我該去找我的樹了。我看見了兩棵瘦小的樹長在一起，這可真教我為難。我用兩手一圍，都一樣大，到底是哪一棵呢？我想了半天，終於想起剛才摸的那棵樹沒有葉子，於是便選了那棵光禿禿的樹，老師告訴我找對了。

這次的活動真好玩。

怪相 ◎陳儀

她是一個怪怪的女生，成績呢，也很好，不過就是有一點兒怪。

怪怪的她笑起來眼睛就像沒了，潔白的牙齒露在外面。雖然大家都說她笑起來不好看，但她還是特別喜歡笑。

在上課的時候，她最喜歡蹲在椅子上，有舒服的位子不坐，而是要蹲著。你說她怪不？

她只知道看書，所以她成績不錯，可是其他方面就不怎麼好。平時，我們在跳繩、爬雙槓、跳高等等，她都只做旁觀者。不過，自從到了房老師的班上，她什麼都會了，她只要有空，就會和我們一起玩。她的膽子明顯的變大了。

當我們站路隊時，她總是喜歡讓我們一個一個的站好，一出校舍門後就不大理我們了，正是：各回各的家，各找各的媽。

在比賽的時候，你可能覺得她「殺氣騰騰」，而比賽完後，她又是另外一個人。

這個人就是李思瑤，唉！她真的是很怪呀！

一堂有趣的語文課

◎王熔熔

叮鈴鈴……上課鈴響了，房老師微笑著走進教室，似乎特別高興。今天我們繼續學習〈秦兵馬俑〉。房老師問：「讀了〈秦兵馬俑〉，你還能夠想出多少種俑呢？」大家好像都不知道說什麼好，你看看我，我看看你。

這時，房老師說：「誰想上來表演秦兵馬俑的造型呢？」這時，班裡可熱鬧了，大家可都是愛動的高手。老師很隨意的點了三個同學。一個是陳傑，他說：「我想當軍士俑。」他走上講台，一手握著長尺，那尺成了一把寶劍，然後張開嘴，好像在呼喊：來吧，來戰鬥吧，我可不怕你。

第二個上去的是鄒沁宇，他說他想當將軍俑。他同樣拿著尺當劍，一手指揮著什麼。眼睛瞪得圓圓的，很凶的樣子。大家看了都笑了起來。看來將軍生氣了。

曾龍玉想當一名弓弩手。他從講台上拿了一根教鞭和一把尺。教鞭當弓，尺做箭。這時，忽然有同學大叫：「曾龍玉在射鳥呢！」老師都跟著我們笑了。

接下來做基礎訓練時，大家發現〈秦兵馬俑〉一課裡有一個題目就是「寫出幾種兵馬俑的樣子」。我看了，想想課上的表演，一下子就寫出好幾個來。

管阿姨點評

我們這一課的重點是著重在觀察訓練，希望小朋友都能夠藉著細膩的觀察，來豐富文章的內容。三個小朋友在這方面都做得不錯。

不過，陳儀小朋友的作品，寫的是對班上一個同學行為舉止的觀察，題目卻叫作〈怪相〉，顯然不大合適。

延伸活動

三、五個同學分工合作寫一本《行業動作大全》，走進大街小巷、超市機關，看看各行各業的人員都有哪些習慣性動作，並將所見所聞寫下來，畫上插圖，編成一本有趣的小書。

第三課 白牙

關於《白牙》

「白牙」是一個混血兒。牠的爸爸是野狼，媽媽是雪橇狗。幼年，牠和母親在荒野度過，但還未滿周歲，因巧遇母親從前的主人「灰鬍子」，而跟著母親一起來到印地安人的聚落，成為一隻小小的雪橇狗。

「灰鬍子」是白牙的第一個主人，後來因為酗酒，便把白牙賣給了狠毒的「帥哥史密斯」；他是白牙的第二個主人。在帥哥史密斯的逼迫下，白牙展開了殘忍、無望的「戰狼」歲月，變成一隻令人懼怕、嫌惡的職業鬥犬。

如果不是第三個主人——年輕、仁慈的採礦專家衛登・史考特及時的援救，白牙勢必死在競技場上。後來，衛登・史考特憑著滿腔的愛心與耐心，終於撫平了白牙心理上的創傷，並引領「半狼半犬」的白牙發展出牠沉睡已久的良善本質。

《白牙》是美國社會主義小說家傑克・倫敦（1876～1916年）的經典之作。傑克・倫敦的作品常以刻劃勞工生活及冒險故事為主。一八九七年，他曾遠赴克崙岱克，參與了一場淘金熱。這場難得的生活體驗對他影響深遠，成為他日後多部作品的素材，其中尤以《野性的呼喚》和《白牙》最具代表性。

我認為傑克・倫敦在《白牙》中想要強調的，是環境對於我們每一個人深遠的影響。每一個人都像一塊黏土，具有極高的可塑性，被放置在什麼樣的環境，就會被環境捏塑成什麼樣子。

原文中有這樣一段話：「……那時牠還小，帶著天生柔軟的本質，尚未定型，隨時準備接受環境的拇指來揉捏……在這新的定位中，推擠、揉捏牠的環境之指把牠的堅硬軟化了，重新塑造成為更好的造型。事實上，衛登・史考特就是這一根拇指。」

這也意味著事在人為，無論現在的環境有多糟，一個人的作為有多麼令人厭惡，其實，我們每一個人仍舊具備著良善的本質；只要這些良善的本質得以被激發，只要我們能夠學會如何分辨善惡，控制自己原始的衝動，任何人都有機會得到新生。

（管家琪◎文）

開心閱讀

讀了《白牙》，一定要再讀一讀傑克・倫敦另外一本代表作《野性的呼喚》。

《野性的呼喚》這本書，篇幅比較短，主角也是一隻狗，名叫巴克。巴克原本是一隻生活優渥的南方狗，不料卻被盜狗賊賣到冰天雪地的北方，被迫為許多淘金者效力。為了求生存，巴克不但承受在雪地跋涉的嚴酷考驗，並且還日益茁壯，後來竟開始爭奪狗隊中領頭狗的位置。巴克歷經了幾位主人，他只愛約翰・桑頓。桑頓也成為巴克最後一個主人。在桑頓死後，巴克徹底遁入林中，與野狼們生活在一起。

就故事主線而言，《白牙》和《野性的呼喚》剛好相反；一個是從北方走向南方，從半狼半犬變成家犬，另一個則是從南方走向北方，從家犬變成可以在嚴酷生存環境下存活的狗。如果這兩本書你都讀過，對於傑克・倫敦想要一再闡釋的中心思想——「環境對任何一個人都會產生不可輕忽的影響」，你的感受一定會更加強烈。

房老師的趣味語文活動

猜猜我畫的你

房老師說：「老師想問問大家一個問題，你知道自己是誰嗎？」

陳儀說：「我是陳儀啊……不對不對，老師問的問題不可能這麼簡單，嗯，我要說……我是54班的班長。」

房婉瑩說：「那我是未來奶茶連鎖店的老闆。」

沈洋說：「我是一名小舞蹈明星。是媽媽的乖寶寶，是老師的好學生，是同學心中的好伙伴。」

房老師說：「陳儀啊，你一離開54班還會是班長嗎？房婉瑩，你現在還小，就這麼確定將來要當奶茶連鎖店的老闆啦？沈洋，你要扮演的角色這麼多，到底哪一個才是你呢？」

大家聽老師這麼一說，大概都有點困惑，都不知道該怎麼來回答老師的問題。

房老師接著說：「其實，你就是你，無論是老闆、明星、班長還是好伙伴什麼的，都只是你的一個角色罷了。每一個人都有一個最基本、最重要的角色，那就是自己，同時，我們每一個人都會有一個最明顯、最突出的形象，只是別人看待我們的形象跟我們看待自己的形象很可能不見得是一致的。今天老師想帶大家來做一個活動，名字就叫作『猜猜我畫的你』。」

房老師講遊戲規則：「兩人一組，想一想如果要用一個動物，或是植物、東西、卡通人物等等來代表對方，就好像是要為對方打一個比喻似的，你會把對方比喻成是什麼？想好了就把這個形象畫下來。畫好了以後，就把畫貼在對方的背上，然後對方再透過不斷的發問，最好是先從一個大範圍開始問起，比方說先問『是動物嗎？』而不要一上來就問『是一隻兔子嗎？』這樣會比較好玩。大家在下面看著圖，也只能用『是』和『不是』來回答，不要多說。這樣，讓猜的小朋友藉著一個又一個的問題，自己慢慢縮小範圍，看看最後是不是能夠猜出來自己背上貼著的那張畫，上面到底畫的是什麼？」

小朋友們開始分組，然後都互相盯著對方，仔細考慮，到底要用什麼來代表對方的形象？

房老師巡視一下同學們的畫作，大多數都是畫動物，但是也有畫植物以及其他無生命的東西，甚至還有畫賽車的。

過了一會兒，小朋友都畫好了，要開始猜猜看了。

王亞洲第一個上台，他背後的畫是鄒界畫的。

在鄒界的心目中，什麼最能代表王亞洲的形象呢？

王亞洲開始問了。「是動物嗎？」

大家齊聲回答：「是！」

「是山裡的動物嗎？」

「是！」

「是手腳很靈活的動物嗎？」

「是！」

「是不是猴子啊？」

大家都笑了起來：「是的！」

貼在王亞洲背上的畫，確實是畫著一隻猴子。

房老師問：「為什麼你一下子就能夠想到猴子呢？」

王亞洲說：「因為平常他們總說我像猴子一樣的靈活，所以我想鄒界一定會畫猴子。」

可見王亞洲和鄒界彼此很熟、很了解，兩人也很有默契。

接著，是陳儀上台。她背上的畫，是房婉瑩畫的。

她一轉過身來，把背朝著大家，大家一看到她背上貼的那張畫，馬上都笑了。

陳儀似乎覺得很奇怪：「是動物嗎？」

「不是！」

「是植物嗎？」

「也不是。」

「是玩具嗎？」

「不是！」

陳儀愣了一下。「奇怪，那會把我比喻成是什麼呢？是有生命的嗎？」

「不是。」

「是室內的東西嗎？」

「不是。」

「是山裡的嗎？」

「不是！」

「是水裡的嗎？」

「不是！」

「難道會是天上的？」

「是！」大家都差點兒鼓掌了。

陳儀笑了起來：「是烏雲嗎？」

「不是。」

房老師插話問道：「為什麼你會猜烏雲？」

陳儀說：「因為老師不在的時候，我要管秩序，通常是不大笑的，別人總說我臉上有一堆烏雲。」

大家一聽，都笑了。

陳儀又想了一想，「難道會是太陽？」

大家尖叫：「是！是一個笑臉的太陽！」

這時，房老師要房婉瑩站起來解釋一下，說說自己為什麼會用「一個笑臉的太陽」來代表陳儀的形象。

房婉瑩說：「我覺得我們的班長不管做什麼都很厲害，她帶我們做班

會活動，和我們一起跑步，她的壁報做得很好，她的舞蹈得過獎，她的作文發表過，她到哪哪兒就好。這不是一個太陽嗎？」

陳儀聽了非常高興，把背後的太陽畫拿下來以後，用心的摺起來收好，還說：「我做不了太陽，但我會記得房婉瑩對我的鼓勵。」

最後，房老師總結說：「同學們在猜畫的過程中，既是一個了解自己的過程，也是一個了解自己在他人心目中形象的過程。或許別人畫的和你現在做的有差別，但不管怎麼樣，你就是你。我希望同學們在閱讀和習作中，都要勇於表達自己的想法，而不是一隻人云亦云的鸚鵡。」

快樂習作

提醒小朋友先想清楚最想說的是一件什麼事，什麼感覺？先用一句話寫下來（就像「環境對任何一個人都會產生不可輕忽的影響」），再把這句話加以描述和展開。

大小孩老師

◎李思瑤

房老師是我們的班主任。他高高的個子，濃濃的眉毛下有一雙炯炯有神的眼睛，嘴角微微上翹，好像時時刻刻要笑出來似的，還不時的冒出一些笑話和趣事，真像個調皮的「大小孩」。

房老師非常搞笑。有一次，房老師利用班會課，給我們講了一個有趣的故事，名叫〈老虎和黑熊〉。房老師的故事開講了，老師的語言像有磁性一樣，把我們吸引到故事當中。他一會兒用普通話，一會兒用南江話，反而使故事變得更加生動。見我們聽得津津有味，他講得更來勁。當講到黑熊搬樹時，房老師的左手和右手做成一個圓形，手指頭散開，做成抱著樹的樣子。房老師的手上下擺動，口裡一邊大喊：「嘿、嘿、嘿……」突然，房老師的手不動了，我們正在疑惑中，房老師大叫一聲：「砰——大樹終於拔出來了！」房老師又把手在肩上做成了圓形，像是扛著樹，腳一邊在原地走動，口裡一邊大叫：「嘿、嘿、嘿。」房老師那滑稽的語言和幽默的動作，逗得我們笑得肚子都疼了。這時，我發現房老師哪裡是老師呀，就是一個大小孩！

告訴你，我們的房老師名叫房科劍呢！希望六年級他還會教我們。

我的膽子變大了

◎徐旋一

以前，我讀一年級，國語老師要我去黑板上畫七隻小雞，我非常怕。後來，我還是上去了。我的兩隻手都在顫抖著，我都不敢畫了。

現在，我讀房老師這一班。我們這一班有很多膽小的人，也有很多膽子大的人。房老師一到班會課，就讓我們到台上說自己的名字。房老師坐在最後面，然後同學們一個接一個上去。我看他們膽子可大了！啊！該我了，我的心咚咚直跳，我毫不猶豫的上去了，說完趕快下去。我坐在座位上，心跳得好快。我想：我的膽子變大了，其實說自己的名字也很簡單。以後說起上台，我高興得跳起來，真想第一個上台啊！

我回家把這一件事告訴了爸爸媽媽，他們都很高興。我的膽子變大了，我可以在很多人面前說故事或跳舞了。

管阿姨點評

如果用一句話來說明自己最想要說的、最想要寫的、最想要表達的是一件什麼樣的事，或是一個什麼樣的感覺，思瑤小朋友想要說的是「房老師哪裡是老師呀，就是一個大小孩」，旋一小朋友想要說的是「經過班會課的磨練，現在我的膽子變大了」，兩個小朋友都根據一句話來發揮，寫成一篇作文，處理得都很不錯，不但讀起來覺得很具體，內容扎實，同時也很生動。

小朋友，你不妨也試試看，在下筆之前先想清楚，先寫出一句話，然後再根據這句話來做發揮。這樣的方式對你的作文一定會很有幫助的。

延伸活動

設計一張問卷，調查你的老師、同學、朋友、家人以及鄰居們，請他們談談對你的評價，然後綜合起來，哪些評價是你喜歡的，哪些評價你不認同，你一定會發現，不同的人對你的評價都有不同程度的區別。

第四課

如何蒐集材料

向馬克・吐溫學習如何蒐集材料

《湯姆歷險記》和《哈克貝利・費恩歷險記》（或譯《頑童歷險記》）都是美國十九世紀現實主義文學作家馬克・吐溫（1835～1910年）的代表作，出版於一八八四年的《哈克貝利・費恩歷險記》更被公認是一本當代經典，許多評論家甚至認為這本書絕對有資格列入「世界十大經典文學名著」的名單中。

諾貝爾文學獎得主海明威（1899～1961年）曾說：「所有現代美國文學都來自馬克．吐溫的一本書，名叫《哈克貝利．費恩歷險記》……它是我們最好的一本書。」可以說對這本書推崇備至。

這兩本傑作的故事舞台都是漢尼拔村，這裡位於美國中西部，屬於密蘇里州，是馬克．吐溫少年時期所居住的地方。現在漢尼拔村不但有「馬克．吐溫博物館」，展示馬克．吐溫生前用過的東西，以及他作品的各國譯本，還有「湯姆博物館」，用模型展示了湯姆的世界，每年還有「粉刷大賽」，這是脫胎自《湯姆歷險記》書中湯姆的惡作劇——〈光榮的刷牆手〉的段落；湯姆原本受罰要粉刷圍牆，卻利用孩子們的好勝心理，讓別的孩子來幫他完成工作。馬克．吐溫逝世雖然已經整整一百年了，但每年還是會有很多觀光客慕名來到這個小村，希望能夠感受一下兩本名著中的氣氛。

《湯姆歷險記》發表於一八七六年，同年馬克・吐溫就開始著手進行《哈克貝利・費恩歷險記》。從後者的開頭看來，「如果你從未讀過《湯姆歷險記》，那麼肯定不認識我……」，這兩本書之間有著非常緊密的聯繫，馬克・吐溫之所以會寫《哈克貝利・費恩歷險記》，似乎只是要為《湯姆歷險記》寫一本續集，然而寫著寫著卻發展成風格完全不同的作品。

在《湯姆歷險記》中，哈克貝利・費恩是一個令人印象深刻的人物，他是全鎮母親們都痛恨而且害怕的角色，大家都擔心他會把自己的孩子給帶壞，因為他遊手好閒、無所事事、還無法無天，又沒有教養，可是，孩子們卻看到了另外一面，都忍不住有些羨慕哈克的自由自在。

後來，湯姆偏偏和哈克成了好朋友。在《湯姆歷險記》的結尾，這對好朋友找到了強盜藏在山洞裡的錢，兩個都成了有錢人，哈克在湯姆的勸說下，結束了流浪的生活，接受好心的道格拉斯寡婦收養作兒子。《哈克貝利・費恩歷險記》一書的開頭，就是從《湯姆歷險記》的結尾開始寫起；被道格拉斯寡婦收養的哈克，後來過得怎麼樣了呢？

結果，哈克沒能和道格拉斯寡婦幸福快樂的生活在一起。因為道格拉斯寡婦要讓哈克受教育，做一個文明人，但哈克對於「文明人的生活」老是適應不良。

「……寡婦的一舉一動老是循規蹈矩而且古板沉悶，在她家裡我總覺得難受。實在忍受不了，我就設法溜之大吉啦。穿回我過去的破衣裳，又鑽回我那個大木桶，覺得逍遙自在、心滿意足……」乍看之下，哈克這個孩子似乎挺忘恩負義，又不學好、不上進，但是哈克對文明生活的不適應，其實是非常寫實、自然而且合理的。

《湯姆歷險記》充滿了天真爛漫的童趣，令人處處都能體會到孩子們可貴的純真，閱讀感受是非常輕鬆且愉悅的，馬克・吐溫在《湯姆歷險記》的原序中曾說：「雖然這本書主要是寫給孩子們看的，不過我希望成人看了它，也能勾起童年美好的回憶，想到小時候的感覺、思想、談話與行為，為自己昔日偶然產生的怪誕念頭和滑稽言談會心一笑。」但是《哈克貝利・費恩歷險記》卻呈現了真實的人生，那就是——童年並不都是歡樂的，孩子們也並不都是無憂無慮的。

或許是因為《哈克貝利・費恩歷險記》的內涵是那麼的深刻和豐富，並且觸及到一些敏感的社會問題（譬如對蓄奴的態度），馬克・吐溫的寫作才會那麼的辛苦吧，以至於寫寫停停前後竟長達八年之久！不過，這應該也是這本書之所以能夠如此耐讀且歷久彌新的原因之一吧！

特別值得一提的是，由於馬克・吐溫從小生長在密西西比河畔，他的代表作《湯姆歷險記》、《哈克貝利・費恩歷險記》以及《密西西比河上的生活》，都是以密西西比河為背景（這三本書一般又被稱為《大河三部曲》），也就是以自己所熟悉的地方為故事舞台，可是在真正動筆之前，他還是非常認真的帶著厚厚的筆記本重回密西西比河，對沿岸風光做了很多的觀察筆記，形同是以文字來做寫生，這些筆記成為他日後寫作很重要的基礎，而呈現在《哈克貝利・費恩歷險記》書中這些「寫生」的段落，非常細膩，非常優美，大家不妨細細的欣賞，甚至還可選取一些段落帶著孩子們一起來細讀，再告訴孩子們，如果我們在作文的時候也能有這種「文字寫生」的概念，無論是寫人、寫物或是寫景，就一定會比較生動，也比較有畫面感。

開心閱讀

寫作不能靠完全的無中生有，或者等到要寫作的時候才坐在那裡枯等靈感的到來，我們平時就在為寫作做各式各樣的累積和準備，比方說，不斷的加強自己的語文程度，不斷的累積寫作素材，以及在動筆之前先用心蒐集足夠的材料。

小朋友作文，和作家們的寫作，道理都是相同的，想要提高自己的作文水準，一定要懂得如何蒐集材料，就像馬克・吐溫為了寫《大河三部曲》，還特地重回密西西比河畔，做了大量的筆記，譬如哈克貝利・費恩在木筏上觀看日出的段落，就都是從筆記上所整理出來的。

房老師的趣味語文活動

我的大自然倉庫

房老師說：「許多作家為了累積寫作素材，總會隨身攜帶一個便於隨時記錄生活靈感的小本子。他們甚至到了創作階段還會有意識的去蒐集材料，這樣蒐集而來的材料往往能夠使文章更豐富，就像馬克·吐溫為了寫《大河三部曲》而在密西西比河畔所做的大量筆記。同學們想要提高自己的作文能力，也要養成蒐集材料的習慣，並且學習怎樣把蒐集起來的材料最理想、最大限度的用在自己的文章裡。今天，房老師想帶大家玩一個語文遊戲，叫作『我的大自然倉庫』，相信大家會在快樂的遊戲中獲得許多有益的啟示。」

房老師接著解釋遊戲規則：「大自然是豐富多彩的，又是非常誠懇大方的。無論是大山，還是一個小水溝，裡面的生物和環境總是互相聯繫、互相影響著。房老師事先在一片比較大的山林邊收集到了一些物質，把它們集中放在一個布包裡，待會兒老師打開布包，給大家看上三十秒鐘，然後希望你們在自己的大腦中建立一個『大自然倉庫』，用你所學過的知識，將你認為有某種相近聯繫的東西記住，然後在這片山林裡統統重新找出來。你還可以按照自己的方式加上新發現的與主題有關的東西，然後向大家解釋你收集到的是一個什麼樣主題的大自然倉庫。」

同學們都聚攏起來，圍成了一個圈，紛紛好奇的看著放在中間的這個大布包，猜測裡頭會是一些什麼東西。

在打開布包之前，房老師再次提醒大家：「老師放在布包裡的東西，希望你們不要死記硬背，然後就急急忙忙的把這些東西全部找來，最終連自己也搞不清楚到底是要開餐館還是要開飼料店。這個遊戲並不是要考大家的記性。待會兒大家散開之後，只要能夠重新找到布包中四種以上的東西就很厲害了，關鍵是你要有一個主題能夠把它們整合起來，讓它們同屬於你的大自然倉庫。」

房老師打開了大布包，向小朋友展示了布包裡的東西，原來是石頭、茶葉、草、鳥毛、各種種子、枯枝、黃色的土塊、草根或樹根、尖刺等等，甚至還有動物糞便。

大家都默默念著，記著，看到那些不知道名字的東西，就比劃著形象，說著顏色，還聞聞氣味。

三十秒過後，房老師再度把大布包包裹起來。只見孩子們有的扳著指頭在記著，有的在不斷思考自己的主題，也有比較急躁的同學似乎沒有多想馬上就開始尋找起來。

大家很快就在這片區域各自忙開了。他們非常欣喜的尋找著，有時還停下來安靜的想。

後來，孩子們陸陸續續都帶著自己尋找到的東西來回報主題倉庫了。

有三個男同學都提出要做「科學課上的標本」主題倉庫，他們收集到的東西有：茶葉、草、各種樹葉，以及軟的樹根等等。

愛動腦的房婉瑩和陳儀同學都選擇了一個「研究生物的環境」主題，她倆記住了那粗糙的石頭和僵硬的土塊，讓這裡的草根和樹根粗

細不一，有的種子有些缺水，乾癟的。葉子大多是黃的，水分不夠。

愛好素描的李思瑤則從「物質的不規則形狀」這個主題建立了自己的倉庫，說那些尖的圓的樹葉、大小不一的種子、彎曲多變的根，都將是她的寫生好對象。

喜歡水彩的徐旋一則敏銳的建立了一個「色彩倉庫」。她說只要一走進大自然，就打破了綠色的概念。她發現很多顏色多樣的物質，樹葉有黃的紅的還有褐色的，當然也有綠色的。樹根有白的灰的也有黃褐色的，種子則以白、黑居多。她另外還抓了很多顏色不一的東西。看來大自然的色彩真的是變化多端。

更多的女孩是用童話的方式建立了自己的「大自然倉庫」。

大家也從中發現，有的東西可以同時放到好幾種類型的「大自然倉庫」裡去。可見，同樣的作文材料，如果能夠從不同的角度去看，其實都可以用到好幾篇文章裡。

最後，房老師總結說：「大自然是最好的老師。你需要什麼，只要你用心去尋找，去探索，它就一定會給予你什麼。今天，我們的活動表明了一個現象，那就是當我們帶著解決問題的目的，去尋找、觀察和思考大自然，就會比較成功的蒐集到我們所需要的作文材料。以此類推，我們還可以拓展到生活中的每一個層面，比如你需要去寫一個人，需要寫一個比較有影響的活動，你就可以像玩今天的遊戲一樣，圍繞自己需要的主題去設置一個又一個的問題，然後帶著這些問題去蒐集材料，一定會獲得非常有用的資訊。如果我們能夠經常在小範圍內做這樣的遊戲，對於培養我們分類蒐集和處理材料的能力會很有幫助，希望大家也漸漸養成隨時記錄日常生活中各種作文材料的習慣，這樣到了要作文的時候，你就會擁有一個取之不盡、用之不竭的作文資料庫了。」

快樂習作

讓小朋友針對一個主題，去盡量蒐集所需要的作文材料。

觀察綠豆芽的實驗日記

◎王楨玉

二〇一〇年九月四日星期四　晴

今天，科學老師讓我們做一個綠豆發芽的實驗。我一回家，就做起實驗來，在一隻杯子裡放上幾粒綠豆，澆上水，在另一隻杯子裡放上幾粒綠豆，一滴水也不澆。

二〇一〇年九月五日星期五　晴

第二天，我去陽台上看綠豆，兩邊都沒變，芽也沒發，不過，在我眼裡，澆上水的綠豆似乎大了一些。

二〇一〇年九月六日星期六　晴

第三天，我依然執行任務。我一看，欣喜若狂，澆了水的綠豆發了芽，而沒澆水的綠豆還是原樣，我心裡想：「綠豆發芽終究是要水的！」

二〇一〇年九月七日星期天　晴

第四天，我去看綠豆，沒想到，澆了水的綠豆有些開始脫皮了，有些長綠葉了，有些芽變紫了，而沒有澆水的綠豆毫無變化。

二〇一〇年九月八日星期一　晴

今天是新的一天，我仍然去看綠豆的變化，澆了水的綠豆的芽更紫、更長、更大了，以前穿的「綠衣服」脫了，而沒澆水的沒什麼變化。

二〇一〇年九月九日星期二　晴

哈哈，經過幾天的實驗，驗證了綠豆發芽終究是要水澆灌的。

一次綠豆實驗 ◎方金柱

一節科學課上，科學老師講了一個綠豆實驗。他告訴我們怎樣做這個實驗：首先用兩個大瓶蓋分別裝上衛生紙，在衛生紙上放三到四粒綠豆，然後澆點水，一個有陽光，一個沒有陽光的，用不透明的盒子蓋著。

回到家，我甩掉書包，開始做綠豆實驗。第一天過去了，我發現綠豆都破皮了。第二天，當我去澆水的時候，綠豆全冒尖兒了，出來許多「小白球」。第三天跟第二天一樣，只不過是尖兒長長了。第四天，尖兒大約有一公分長了，還長了許多小根兒。第五天，尖兒上長出了兩片小葉子。第六天、第七天……

有一天，我看到有陽光的綠豆葉兒是綠色的，而沒有陽光的綠豆葉兒是綠黃色的。我問爸爸這是為什麼，他說：「植物和動物一樣都需要陽光，沒有陽光的，不久就會失去生命。有陽光的綠豆，它的葉片在陽光下進行光合作用變成綠色，把生命所需的能量送給綠豆，綠豆才會健康茁壯成長。」

我覺得科學實驗很有趣，能提高知識，提高動手能力。

皮影戲的奧祕

◎李思瑤

今天，爺爺帶我去看皮影戲。我高興極了，早早的就準備好了。演皮影戲的人早早的就擺好了台子，台子是一個框架，框架裡有一張白紙，小人是用紙剪成的，在紙上面畫好五官和衣服，再靠在白紙上，從白紙前面可以看見小人做動作。

到了晚上八點鐘，爺爺就帶著我拿著小板凳，去觀看皮影戲。到了地點，我們進去時，已是人擠人，凳挨凳了，坐得密密麻麻。我和爺爺拚命往裡面擠，好不容易找到了一個空隙能把凳子放下，爺爺就抱著我坐在那裡。

皮影戲開始了，第一場是《武松打虎》，先出場的是老虎，老虎搖頭擺尾，很神氣的樣子。接著是武松出場，武松手裡拿著一根棒子，向老虎衝去。接著，武松和老虎大戰十幾個回合，武松腳跺得震天響，拳打出去帶出呼呼聲。老虎被打得狼狽而逃，武松追上去，把老虎踩在腳下，然後放聲大笑。結束後，人們都說這個節目演得好，從每個座位上爆發出熱烈的掌聲。我心想紙做的人難道會發出響聲？難道紙下面掛著一個鐵球？於是，我帶著這個疑問，偷偷溜到戲台後去探個究竟。

到了後台一看，我才恍然大悟。原來，那跺腳聲、拍打聲，都是演戲的

人的口裡發出來的呀，不是下面掛了個鐵球，我小聲的笑起來。我見他們沒有發現我，於是我就站在那裡看他們怎麼演。他們的手裡拿著木棒，木棒上拴著一根繩子纏繞在小人手上。他們的手往上一提，小人的手也往上一提。只見他們的手往上一提一提，悠然擺來，悠然擺去，和著鼓點，動作優美極了。

如今的人們看慣了電視，上慣了電腦，偶爾去看看民間藝術，也別有風味。

管阿姨點評

楨玉小朋友所寫的是一篇認認真真的觀察記錄，金柱小朋友所寫的〈一次綠豆實驗〉，可以想見在動筆之前一定也做過像楨玉小朋友所做的觀察記錄。練習先寫記錄性的文字，蒐集資料，再運用這些資料寫成作文，文章一定會比較有內容。

思瑤小朋友的文章寫得活靈活現，非常生動，就是好像有一點兒不知道該如何收尾。或許思瑤小朋友可以把這篇作品就當成是一篇資料，然後再想想該怎麼樣運用裡頭豐富的資料，重新處理後，重新寫一篇作文，相信效果會比較好。

第五課
淝水之戰

淝水之戰

西元三一六年，僅僅歷經四代皇帝、前後一共僅五十二年的西晉政權滅亡了。其中第二任皇帝晉惠帝是歷史上有名的傻皇帝，最經典的一個事例是，因為天災人禍不斷，在聽說老百姓都已經沒飯吃的時候，他居然還一臉困惑的問：「何不食肉糜？」，「糜」是稀飯，「肉糜」就是「肉粥」，意思就是說，晉惠帝想不通這些老百姓的腦筋怎麼會這麼死，沒飯吃的時候可以吃肉粥嘛，幹麼非要吃飯啊？他居然想不到如果連白飯都沒得吃了，哪裡還有可能吃得到肉？

西晉滅亡以後，琅邪王司馬叡於西元三一八年在長江以南的建康（今天的江蘇南京，南京是六朝古都，在歷史上有好幾個不同的名字）即位，史稱晉元帝，建立了東晉，占據了漢水、淮河以南大部分地區；北方則開始陷入紛亂，匈奴、鮮卑、羯、氐、羌等五個少數民族陸陸續續建立了不少國家。

以往史學家都習慣把這段（一直到南北朝開始以前的）歷史稱為「五胡十六國」（因為到西元四三四年為止，前前後後加起來一共有十六國之多），甚至說是「五胡亂華」，但是現在這種說法因為對少數民族顯得不夠尊重，愈來愈具爭議，已愈來愈不被採用。

在北方（也就是黃河流域）的政權頻繁更迭、戰亂不斷的時候，其實北方很多老百姓（當然主要都是漢人）都希望東晉能夠北伐，恢復統一，然而，東晉所謂的開國皇帝晉元帝本身就已經是貪生怕死之徒，私心又很重，擔心就算北伐成功對自己也沒有什麼好處，還不如就這樣一直在江南苟且偷安，還可以保有自己的小朝廷。

就是由於晉元帝根本無意北伐，即使當時有祖逖這樣的名將（就是從小志向遠大、「聞雞起舞」的那一位），晉元帝對北伐也還是一直抱持著消極的態度。在祖逖堅持北伐、輿論也支持北伐的情況下，晉元帝雖然心不甘、情不願的勉強同意，但只給祖逖區區一千人的糧餉、三千匹布，叫他自己去募集軍隊和製造武器。後來等晉元帝看到祖逖居然連這樣都還是打了勝仗，收復了黃河以南的土地，並且即將準備要渡過黃河的時候，大吃一驚，竟然不顧一切硬是把祖逖給叫了回來，不久祖逖就抑鬱而死了。

晉元帝在位五年後去世。接下來的幾個皇帝也都同樣只想偏安江南，不思進取。過了五十幾年，西元三七六年，北方的局勢有了很大的變化：前秦的符堅在謀士王猛的輔佐下，滅掉了幾個小國，統一了北方。

王猛於西元三七五年病死，臨終前一再懇切的叮嚀符堅：「東晉雖然遠在江南，但東晉是繼承了晉朝的正統，我死了以後，陛下千萬不要去進攻他們，那是一定會得不償失的啊！」

一開始，符堅還很聽王猛的忠告，一邊繼續努力加強國內建設，一邊繼續統一工作。可是等到北方已經完全統一之後，他就開始蠢蠢欲動了。

西元三八三年，志得意滿而日益驕傲的符堅，不顧群臣的反對，堅持要南下征伐東晉。符堅想要做一個一統天下的霸主。

他首先發布了動員令，規定百姓每十個人之中就有一個要加入征伐東晉的隊伍，這樣很快就募集了六十五萬步兵、二十七萬騎兵，還有三萬羽林軍，號稱百萬大軍。這一年八月，符堅派弟弟符融統帥二十五萬先頭部隊打頭陣，自己再親率九十萬大軍從長安南下，隨後接應。只見前秦軍隊「前後千里，旗鼓相望；東西萬里，水路並進」，聲勢非常浩大。在逼近長江的時候，符堅想到之前有很多人都說東晉有長江做為天險，這場仗勢必很難打，不禁洋洋得意的說：「哈哈，我們有這麼多的戰士，如果每個人都把馬鞭丟在水裡，只怕長江也會隨之斷流，東晉有什麼可怕！」

在符堅看來，要打東晉真是輕而易舉，他是抱著必勝的念頭來的，他甚至連戰後要把東晉皇帝、宰相等俘虜改封個什麼官這些事情都已經計畫好了！

得知前秦大軍壓境，東晉朝廷裡的許多官員自然都非常的驚惶不安，幸好宰相謝安臨危不亂，非常沉著和冷靜，對於一些主張求和的呼聲也嚴厲抨擊，力主抗戰。不久，主戰派贏得了大多數大臣和皇上的支持，謝安就立刻開始進行部署。

他派弟弟謝石為大都督，統帥八萬大軍迎戰，又讓姪兒謝玄為前鋒，更讓兒子謝琰上最前線，以此來鼓舞士氣。（是啊，如果連當朝宰相的兒子都不怕死，都願意為了國家勇敢戰鬥，確實是很能激勵人心的。）

此外，謝安又派大將軍胡彬率領五千水軍，沿淮水西上，增援前沿要地壽陽（今天安徽的壽縣）。

到了十月，當胡彬統領的晉軍正奔赴前線的時候，從前方傳來了壞消息——壽陽失守了！於是，胡彬只得下令退守險要之地硤石，但很快就遭到前秦部隊的圍困。

胡彬趕緊派人給大都督謝石送去一封信，說現在敵軍鬥志旺盛，我軍遭到圍困，糧草又已經快要吃完，恐怕沒有辦法去跟大軍會合了。不料，這封信還沒來得及送到謝石的手上就已被符融截獲，符融馬上向駐紮在項城的符堅報告：「現在敵軍被困缺糧，絕不能讓他們跑了，請下令快攻！」

符堅接到符融的報告，心中大喜，心想看來戰事進行得比預期得還要順利，一時衝動，竟然犯了兵家大忌——他丟下了主力部隊，自己親率輕騎八萬就趕赴壽陽，準備跟晉軍決一死戰。

符堅更大的錯誤是，居然派了一個被俘的東晉官員朱序先去晉軍那裡勸降（古代在兩軍交戰之前往往都要先勸降）。結果，對於晉軍來說，這個朱序真是天大的救星！

原來，朱序之前的投降只是萬不得已採取的權宜之計，他的心還是向著東晉，於是，當他來到晉軍軍營，見到大都督謝石以後，他非但不勸降，反而主動把前秦軍隊的虛實統統告訴了謝石！朱序說：「如果等到前秦的大部隊集結完畢，恐怕晉軍就很難抵抗了，不妨趁現在他們大部隊還沒有到的這個有利時機，迅速出擊，只要打敗他們的前鋒，挫了他們的銳氣，自然就可不攻自破！」

謝石本來打算以守為主，用時間來拖垮前秦的軍隊（類似戰國時期長平之戰前趙國大將廉頗的策略），可是幸好謝石並不剛愎，在與眾將領討論之後，他們決定採納朱序的建議，改變戰略，開始快攻！

十一月，晉軍主動出擊，發動夜襲，前秦軍隊毫無防備，被打得大敗。晉軍趁勝追擊，果然一舉大挫敵人的銳氣。緊接著，晉軍從水路兩方面發動全線反攻，一直打到淝水東岸（今天安徽壽縣東北），與前秦部隊隔河對峙。

符堅聽說晉軍已到了淝水，頗為吃驚，便和符融一起登上壽陽城樓觀察動靜。或許是因為符堅剛剛吃了一個敗仗，有如驚弓之鳥，在遠望對岸的八公山時，竟然把山上密密麻麻的草木也當成了敵人，當場大發脾氣：「晉軍這麼多，明明是強敵，當初是誰說東晉軍很弱的？」（這就是成語

（「草木皆兵」的典故）

為了不要吃虧，符堅下令暫時休兵，等到後續部隊全部到齊以後再決戰。

這可把想要快攻的晉軍給急壞了。於是，謝石、謝玄使出激將法，大聲向符堅喊話：「將軍帶了大軍深入我們晉地，不是應該速戰速決的嗎？怎麼現在又不打了呢？乾脆請你們後退一點，騰出一塊地方作為戰場，讓我們渡過淝水來跟你們打！」

符堅受到這樣的挑釁，很不高興，但是再稍微一想，便覺得這是消滅晉軍的大好機會，因為他們可以趁晉軍渡河渡到一半的時候就開打，一定可以把晉軍打得落花流水！

於是，符堅接受了晉軍的戰書，大聲回應道：「好啊，你們過來打！」

然而，在下令部隊後退的時候，朱序竟乘機大嚷：「完了！完了！敗了！敗了！趕快逃命吧！」

前秦軍隊內部的向心力本來就不夠，一聽到這樣的呼喊，弄不清楚是怎麼回事，再加上不久前又剛剛失利，總之，軍心大亂，戰士們紛紛潰逃！而與此同時，晉軍則是個個奮勇爭先的搶渡淝水，發起猛攻。

「淝水之戰」是歷史上一場有名的以少勝多的戰役，以東晉大勝告終。符融戰死，符堅受傷。這場戰役確定了此後南北朝的長期分裂。

（轉載自《100個你一定要知道的歷史故事II》管家琪◎文，幼獅）

開心閱讀

文史不分家，許多常識以及語文知識，譬如成語、俗語、歇後語等等都蘊藏在歷史故事之中，多讀歷史故事實在是非常必要的。何況我們還能夠從閱讀歷史故事之中訓練如何梳理重點的能力呢，這一點對於提高我們的作文能力也有著至關重要的幫助。

房老師的趣味語文活動

表演接力

房老師說：「大家對當演員感興趣嗎？有的演員拿到劇本，演上好幾遍，總不能讓導演滿意，知道是為什麼嗎？」

房老師解釋說，有的演員不能夠讀懂劇本，抓不到重點，表演的時候就往往顧此失彼。而好的演員面對劇本，總能夠很快就抓住每一場戲的關鍵之處，然後以一定的動作、神態和台詞表現出來。

房老師說：「今天我們來玩一個『表演接力』的遊戲，看看誰最能夠把握這個表演的關鍵。遊戲的規則是這樣的，我們這裡有十個人，正好可以五個人一組，分成兩組，每一組都推薦一個最善於表演的同學來老師這裡領取一個劇本，就是一個成語，其他同學則先在外面等候。拿到劇本的第一個同學，要想清楚該怎樣表演才能正確把握住成語的意思，接著把第二個同學叫進來，然後表演給第二個同學看，第二個同學看清楚想明白了以後就繼續表演給第三個同學看，依次傳下去。最後由第五個同學說出自己這一組到底是表演哪一個成語。最後再看看到底是哪一組同學的表演最接近劇本，就評為最佳劇組，因為這充分說明你們這一組既能夠讀懂劇本的關鍵，又能把握住表演的重點。」

大家開始自由組合，五人一組。

第一組抽取的劇本是「手舞足蹈」。

張惠玲是第一棒，負責第一個表演。她似乎只關注了成語中的「手」和「足」，所以將手舉得高高，足扭了扭。

第二棒是李佳薇，她上場後，看了張惠玲的表演，由於只關注到張惠玲舉手的動作，結果說成了「指手畫腳」。

第三棒是歐宇娟，她看了李佳薇的表演，注意到原本有些羞澀的李佳薇在表演指手畫腳時，臉上是帶著害羞的笑容。

第四棒沈洋認為原始劇本是「興高采烈」，所以，當沈洋表演給第五棒、也就

是最後一棒徐旋一看的時候，把手甩得更高，腳踩得更重。

最後，徐旋一說：「我看到沈洋跺著腳，生氣極了，我想這一定是『火冒三丈』，瞧沈洋那手，舉得比三丈還高呢。」

房老師問：「為什麼會出現這樣的問題呢？我們應該怎樣去掌握表演的重點呢？」

陳儀小朋友說：「『手舞足蹈』是指兩手舞動，兩隻腳也跳了起來，形容高興到了極點的樣子。可是張惠玲手舞起來，腳跳起來，只是外在的動作，從她臉上看不到高興的樣子，她的表演就像是李佳薇說的『指手畫腳』。」

李思瑤說：「我認為，在表演給下一個同學看的時候，一定要將關鍵

的東西表達清楚。同時，我們在看別人表演的時候，一定要整體琢磨，前後聯繫著想一想，而不是只看某一個動作。只有抓住重點了，我們才能夠好好的理解意思，往下傳就不會失真了。」

討論過後，輪到第二組開始「表演接力」的遊戲。

第一棒李思瑤抽取的是「搖頭晃腦」。

她面帶微笑搖著頭晃著腦，傳給了第二棒鄒應萍同學。

鄒應萍試著晃了一下腦袋，有些木然。她要求李思瑤再表演一遍，李思瑤依舊面帶微笑搖著頭晃著腦，有些得意的樣子。

這時，鄒應萍似乎明白了意思，依次往下傳，後面的陳儀、張娜、房婉瑩等三個小朋友基本上都表現出了李思瑤的動作和神態。

等到問他們所表演的到底是哪一個成語時，除了張娜說「得意洋洋」、房婉瑩說「沾沾自喜」之外，其他三個小朋友都說是「搖頭晃腦」。

經過討論，大家一致認為第二組是最佳的表演組，因為「得意洋洋」和「沾沾自喜」本來就和「搖頭晃腦」的意思有點兒接近。

房老師總結說：「從剛才兩組的表演來看，一組成功了，一組不成功。不成功的那一組，由於擔任第一棒的同學對『手舞足蹈』的真正含意理解得不夠，結果一個接一個的傳下去，自然就會離題萬里了。成功的那一組，關鍵是每一個組員都能聯繫表演者每一個動作，明白了重點，進而就能夠逼真的往下傳遞。這和我們提筆寫文章之前在大腦裡的構思是一樣的，一定要先抓住所要寫的事情重點，這樣寫出來以後，才能夠讓讀者明白，而不是離題萬里了。」

快樂習作

這一課我們要學的是如何抓重點、如何使文章具備條理性。提醒小朋友在想好要寫什麼事情以後，一定要多想想，想清楚了再下筆，同時，在寫的時候也一定要耐煩，慢慢的寫；如果寫得急急忙忙，情節自然就會跳來跳去，那讀起來就很可能會顯得雜亂無章了。

我家的小淘氣

◎李佳微

我家有一隻特別淘氣的小貓咪，所以我把它取名為「小淘氣」。

小淘氣有一身毛茸茸的白毛，摸起來特別舒服。小淘氣還有一雙大大的眼睛，如果小淘氣生氣了，就會把眼睛瞪得大大的。

有一天晚上，我看了一會兒書就去睡覺了，我睡覺的時候感覺有毛茸茸的東西在我旁邊，我沒在意這是什麼東西，就慢慢的進入夢鄉，等我早晨起來才發現小淘氣睡在床上，我想到了，哦，原來昨天晚上牠一直在我床上。我氣得火冒三丈的對牠說：「小淘氣，你昨天晚上怎麼會睡在我床上呢？」牠沒有理我，仍然在我床上懶洋洋的睡覺，我更生氣了，我跑到樓下，拿來一個喇叭對小淘氣大叫了一聲，小淘氣被我的聲音嚇得直往樓下跑。

這隻小淘氣真的很淘氣，看來我把它的名字取對了。

難忘的暑假

◎李澤南

很小的時候，我就跟隨爸媽在杭州生活，去年暑假我終於回到了爸爸的老家——湖南。爸爸的老家在一個美麗的鄉村，那裡山清水秀，門前有一條清澈的小溪。每次回到老家，都會有很多同伴來邀我玩，我們一起捕蟬，一起捉蜻蜓，還會在高大的竹林裡爬來爬去。最難忘的是那次抓魚。

一天中午，趁大人都睡午覺了，我就跟表哥表弟一起去抓魚。剛下水時還有點害怕，但看表哥他們都抓到了魚，我也顧不了那麼多，把身上的衣服脫得只剩下一條短褲，就興致勃勃的衝下水。我把石頭一個個搬開，魚卻一溜煙跑了。後來我乾脆把手伸進石頭裡去摸，可是手剛伸進石頭，就被什麼東西給夾住了。哎喲！好疼！表哥聽到了我的叫喊聲，忙過來把石頭搬開。哎，原來是一隻小螃蟹。這可惡的傢伙，竟敢夾住我，看我不把你給煮了。這小傢伙好像聽懂了我說的話，連忙把自己的雙鉗鬆開，隨後逃之夭夭了。後來表哥告訴我，水太深，空手是抓不到魚的，得用漁具。聽了他說的話，我用漁具抓到了好多小魚。

這天我甭提有多高興了，小溪也發出叮叮噹噹的笑聲，好像和我一樣沉浸在這捕魚的樂趣中。我終於可以品嘗自己親手勞動得來的美食了。

管阿姨點評

這兩篇作品都寫得很不錯，有一種非常飽滿的童趣。譬如佳微小朋友說「這隻小淘氣真的很淘氣，看來我把它的名字取對了」，澤南小朋友說「這天我甭提有多高興了，小溪也發出叮叮噹噹的笑聲，好像和我一樣沉浸在這捕魚的樂趣中」，都是非常可愛和動人的文字。

澤南小朋友這篇作品有很多優點，不過稍稍有一點遺憾的是，整體讀下來好像有那麼一點「頭重腳輕」的感覺（不知道是不是因為寫著寫著就寫累了？）；如果能夠把「聽了他說的話，我用漁具抓到了好多小魚」這一句稍微發揮一下，感覺就會好得多。

第六課 唐詩五首

登幽州台歌

◎陳子昂

前不見古人，
後不見來者。
念天地之悠悠，
獨愴然而涕下。

這首詩的意思是——往前，見不到古代的賢人；向後，見不著後來的明君。感嘆這天地之浩渺，宇宙之茫茫，不禁獨自悲傷而流下眼淚！（「愴然」，就是憂傷的樣子）

竹里館 ◎王維

獨坐幽篁裡，
彈琴復長嘯。
深林人不知，
明月來相照。

這首詩的意思是：獨自坐在幽靜的竹林裡，一邊撫琴一邊仰天長嘯。我在密林深處無人知曉，只有明月相照。（「幽篁」，就是深幽的竹林）

早發白帝城 ◎李白

朝辭白帝彩雲間，
千里江陵一日還。
兩岸猿聲啼不住，
輕舟已過萬重山。

這首詩的意思是：在清晨辭別彩雲繚繞的白帝城，一天之內回到了相隔千里的江陵。江兩岸重山峻嶺中的猿啼啼聲不斷，小船沿著大江急流已駛過萬重山。

旅夜書懷 ◎杜甫

細草微風岸，危檣獨夜舟。
星垂平野闊，月湧大江流。
名豈文章著，官應老病休。
飄飄何所似？天地一沙鷗。

這首詩的意思是：微風吹拂著岸邊的青青小草，小船豎起桅杆獨自在夜色中漂流。遙遠的繁星低掛在空闊的平野上空，江裡的月影隨著波濤湧動奔流。一個人怎能因為文章好而顯名天下，人老了體弱多病就應該辭官退休。漂泊天涯的我像什麼呢？就像一隻飛翔的沙鷗。（「危」是「高」的意思。「檣」是「桅杆」的意思）

金縷衣 ◎無名氏

勸君莫惜金縷衣，
勸君需惜少年時。
有花堪折直需折，
莫待無花空折枝。

這首詩的意思是：勸你不要愛惜那華貴的衣服，勸你要多多珍惜少年美好的時光。有花可以採摘時就應當去採摘，不要等到花已落盡再去摘取空枝。

開心閱讀

據說美國大文豪海明威（1899～1961年，就是《老人與海》、《戰地鐘聲》等名著的作者）喜歡站著寫作，而且還是用「金雞獨立」的姿勢，一隻腳站著寫作，別人問他為什麼？這樣不累嗎？他的回答是，保持這樣緊張的姿勢寫作，才能讓他在最短的時間之內，用最精準、簡潔的文字把自己的感覺表達出來。據說這就是海明威行文精鍊的祕訣。

不過，小朋友不必像海明威這麼辛苦，只要多讀讀《唐詩三百首》就行啦，想想看，能夠用那麼少的文字，把一種多麼複雜的心情表達得那麼真實感人，這是多麼的了不起！更何況，《唐詩三百首》是唐詩中的精華，小朋友多讀、多朗誦，對於培養語感以及文字的節奏感都會很有幫助。

房老師的趣味語文活動

寫簡訊

房老師說：「同學們，由於上次的作文出現一些問題，但是今天的活動又必須要做，大多數同學都要寫兩篇文章，有可能要遲一點回家了。要不要通知你們的家長呢？」

有的說沒關係，有的說：「要通知一下，不然媽媽會以為我在外面玩，不相信我是為了寫作文。」

房老師說：「今天房老師準備帶大家玩一個『寫簡訊』的活動。我們來寫簡訊，把會遲一點回家這件事告訴爸爸媽媽，怎麼樣？」

大家都說好。

房老師繼續說：「既然是『簡訊』，自然是『簡短的訊息』。怎樣做到既簡短又能夠將事情說清楚呢？大家都先想想看，然後一起討論。最後，房老師按照那個大家公認寫得最好的簡訊幫大家發送。」

大家興致都來了，紛紛提筆開始寫簡訊。

在寫作簡訊的過程中，房老師發現孩子們都在不斷的加字或減字，反覆琢磨哪些詞用上去最好。這是一個非常真實的歷練過程。

稍後，孩子們將自己寫好的小紙條都貼到黑板上。

「誰會成為我們今天的『簡訊大王』呢？」房老師的話讓大家坐直了身子。

大家首先選取了一個寫得最長的簡訊來開始討論。這條簡訊是徐旋一寫的。

「爸媽，今天我要晚點回去，不要擔心我，你們先吃飯吧。」

房老師要大家都發表一下看法。

首先，大家都認為這條簡訊確實能把事情說清楚——自己回去晚，而且很有禮貌的請家人放心，還很懂事的教家人先吃飯。

不過，很快也有人提出了質疑：為什麼要晚一點回去？是不是貪玩？有同學說，應該要加上一個原因——「我要多寫一篇文章」。

但是，徐旋一小朋友不同意，理由是：「我要多寫一篇，那不行，爸爸會責怪我不用心，才要多寫一篇的。」

於是，大家認為應該加上「我們」，「今天我們要晚點回去」，讓收簡訊的人感覺出是老師在命令。

還有細心的小朋友說，既然是用房老師的手機發這條簡訊給家長，家長一開始看到是房老師的手機號碼，可是打開一看，怎麼變成好像是房老師在喊「爸媽」，這多奇怪！所以後面要署名。

房老師問：「那這樣改了之後，徐旋一就是今天的『簡訊大王』了？」

大家都不同意，因為大家都說自己寫的簡訊比徐旋一所寫的簡訊還要短。

接下來，大家決定還是以徐旋一所寫的簡訊為基礎，開始減字運動。

有的說：「『爸媽』可以刪除一個字，如果發到爸爸的手機上，就用『爸』；發到媽媽的手機上就用『媽』。」

有的說：「『今天』兩個字可以不要。你現在發回家，家裡人當然知道就是現在的事情啊。」

有的說：「『一篇文章』可以縮成『一文』，大人明白意思的。」

有的說：「『回去』可以刪掉一個『去』字。『回』就表示『回去』了。」

大家都鼓掌表示讚許，都覺得能夠想到用一個字來代表一個詞語，很簡練。

接著，有小朋友繼續說：「『不要擔心我』，可以刪掉『我』。『不要擔心』就包含了『我』在內了，要不然家人還會擔心哪一個？」

「『你們先吃飯吧』，可以改成『你們先吃』。」

「『你們先吃』可以刪掉。只要讓家人知道我們會晚一點回去就行了。」

還有的同學表示：「在署名的地方，『徐旋一』三個字可以省略姓氏，你爸爸看到『旋一』兩個字還會不知道這是他的寶貝女兒嗎？」

於是，黑板上出現了一個由大家共同討論、共同思考的最恰當又最精鍊的簡訊：

「爸，我們要多寫一文，晚點回。不要擔心。旋一。」

後來，房老師在黑板上找到一個非常接近這個最精鍊的簡訊的小紙條。

那就是李思瑤寫的：「媽，我兩篇作文要寫，可能晚點回。思瑤。」

大家都認為「可能」兩個字用得好，因為說不定我們也會早點回去啊。

於是，經過投票，李思瑤同學當選為這次活動中的「簡訊大王」。

房老師總結說：「透過『寫簡訊』這個過程，大家應該都了解到，要想讓文章寫的精鍊，一是所選擇的詞語是否能夠把你的意思表達清楚；二是刪掉可有可無的詞語；三是換上更加貼近你意思的詞語。只有這樣，你的文章才會精鍊、生動，讓人一看就明瞭。」

快樂習作

提醒小朋友在寫好作文之後，一定要多修改幾次，把多餘的字、詞以及多餘的句子刪掉。

家鄉的春節真好

◎吳忠奇

歡迎你到我們的家鄉來。我們的家鄉在有名的將軍縣——湖南省平江縣的北部，一個叫作南江鎮的地方，那是一個非常美麗的地方。

我最喜歡我們家鄉的春節。每年的這個時候，在遠方打工的人都會回來，一大家人團團圓圓在一起吃飯。有時候吃完一家就到另一家。上桌的菜多是我們家鄉的特色菜，有餃子、黃鱔麵、臘菜、臘肉、粉皮等等。人們快樂的吃完後，就會出來看花燈、舞獅、舞龍等。

看燈很有趣。中間一個女的和一個男的，穿著古代的花衣服。四周站著四個拿燈籠的人，還有幾個敲鑼打鼓拉二胡的人。樂曲一響起來，那個拿著破扇子頂著草帽的先生先唱著詞兒，再看見那個花姑娘也走了進去，一起唱著跳著，多開心。邊上的眾人也響起了掌聲。

還有舞龍的時候，那些男人玩著龍像真的一樣，十幾節龍在空中飛翔。舞獅也有趣，一邊有個扮演大頭娃的，活潑可愛。大頭娃和獅子一起演，時而打滾，時而跳起來。還有幾個打鑼的在旁邊不斷變換調子。

到了晚上，家家戶戶都會亮著燈，打著花炮，歡迎熟悉的人和陌生的人來玩的。親愛的朋友，歡迎來到南江鎮，我們的春節為你敞開快樂的大門。

我家的沒尾巴

◎張娜

我家有一隻小烏龜，因為牠被我買回家時就沒了尾巴，所以，我給牠取名為「沒尾巴」，在牠身上，還有著一個怪硬的殼。

牠經常在魚缸裡，有時，我會把牠放在地上，讓牠活動一下。

沒人陪我的時候，我就把牠放在手裡，我的手經常被牠那只尖爪抓得發痛。

下雨天，我會把牠放在屋裡，讓牠睡覺。晴天，我就把牠放在陽台上，讓牠晒太陽，只要把牠晒一下太陽，牠的頭就會伸得挺直，爪子就抓得魚缸呯呯直響。

有一次，冬天的時候，牠忽然不吃東西了，我慌張極了，趕緊去問媽媽，媽媽說：「不要緊，小烏龜冬天是不吃食物的。」這下我才鬆了一口氣。

我家的「沒尾巴」是不是很可愛呢？如果你家有小動物的話，那你就去發現牠的可愛吧！

一堂有趣的班會課

◎張惠玲

我們每個星期五都會有一節班會課，我就說說我們一節有趣的班會課。

那一天，班長和幾個人把桌子挪開，中間留出了一個長方形空地。上課了，房老師走了進來，我期待這次班會課會做些什麼遊戲。第一個遊戲是搶凳子。一共有三個人，三個人邊唱歌邊圍著兩把凳子轉，老師叫停，那三個人就搶著去坐那兩把凳子，沒有搶到凳子的人就算輸了出局，其他人繼續玩，最後那個坐到凳子的人就是勝利者。選人時，大家都高高的舉起手，大喊：「我要來，我要來！」

這個遊戲玩完之後，房老師提出了另一個遊戲——「傳話筒」。每一組出一個成語，最快傳到後面，而且正確的就算贏了，傳話時不能讓別組的人聽見，要是聽見了就提前棄權。

還有一個好玩的。就是馮彬彬他們用黏土做成一條龍的樣子，在教室裡轉圈圈，說給大家拜年。大家被逗得哈哈大笑。

這次的班會課真有趣。你們一定會想，為什麼都是玩的班會呢？忘了告訴你，這堂課的主題就是「玩玩玩，好玩就是棒」，這真是無比有趣的一堂班會課。

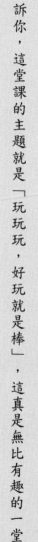

管阿姨點評

我們這一課的重點是要提醒小朋友用字精鍊的重要。所謂「精鍊」，不是說作文寫得短短的就叫作「精鍊」，事實上作文寫不長往往是因為無話可說，或者掌握文字的能力不夠所致。所謂「精鍊」，是能夠在有限的篇幅內，用最少、最精準的文字，來處理豐富的素材。

這三篇作品雖然主題不同，分別是寫過節情景、寵物以及有趣的班會課，基本上都能達到用字精鍊的要求，所以讀起來會讓人感覺到內容都很豐富，敘述起來也都相當簡潔，很不錯。

延伸活動

到街頭或公園等公共場所去尋找精短句子，諸如「電梯維修中，暫停使用。」「謝絕參觀。」「本日公休」等等，用心琢磨是否還可以做得更精鍊，可以將意見寫出交給相關部門。

第七課 普羅米修斯

普羅米修斯的故事

當天和地已經被創造出來，大海已經會按時的潮起潮落，日月星辰也已經會非常規律的起起落落的時候，這個世界漸漸出現了各式各樣的動物，但是，卻遲遲還沒有一個可以稱之為「萬物之靈」的生物。

就在這個時候，有一個絕頂聰明的人，名叫普羅米修斯，降臨到大地之上（「普羅米修斯」是「先慮」的意思）。不久前，宙斯奪取了普羅米修斯父親的神位，罷黜了老一代的神明，現在是由宙斯以及宙斯的子女們統治著天國，也就是奧林帕斯仙境。

普羅米修斯既然是老一代神明的後裔，當然知道很多原本屬於天國的神奇祕密。

他知道上天的種子就隱藏在毫不起眼的泥土裡，於是便挖了一點泥土，先用河水加以溼潤，再一點一點巧妙的捏塑，按照神明的模樣捏成了一個形體，這就是人類最早的雛型。

為了讓這個泥土獲得生命，普羅米修斯從各種動物的心裡取來了「善」與「惡」的特性，再把它們封閉在泥人的胸膛裡；此外，普羅米修斯在神明中唯一的朋友——智慧女神雅典娜（也就是「女戰神」），目睹了普羅米修斯創造泥人的過程，非常欣賞，便把靈魂（亦即「神靈的呼吸」）吹進這個僅有半個生命的泥人心裡，這麼一來，人類就徹底擁有了生命。

這些人類四處繁衍，很快就布滿了大地。但是有好長一段時間，他們視而不見，聽而不聞，只是毫無目標的胡亂移動，連怎麼運用自己高貴的四肢和神賜的精神都不自知，更遑論如何利用人間萬物了，於是，普羅米修斯便耐心的教導他們。

普羅米修斯教人類如何觀察星辰的升降，如何辨別四季的變化，如何鑿石，如何燒磚，如何伐木建屋，如何駕馭牲畜，如何在海上航行，如何正確的計算，生病了該如何治療，如何調配藥劑，如何解夢，如何從種種異象來判斷禍福吉凶，舉凡生活中所需要的一切知識，普羅米修斯都毫無保留的全部教給了人類。

漸漸的，天上的神明注意到地上剛產生的人累了。神明要求人類要服從、敬奉他們，以此來交換他們對人類提供的保護。

神明打算在希臘的邁錫尼召開一場人神會議，來決定人類的權利和義務。普羅米修斯以「人類顧問」的身分出席了這次的會議，為人類說了不少好話，要求神明不要給人類太重的負擔。

最初會議進行得還算順利，後來卻因為普羅米修斯的一場惡作劇得罪了諸神——尤其是得罪了全知全能的宙斯，令宙斯非常惱怒。為了懲罰普羅米修斯，宙斯拒絕給予人類為發展文明所急需的一項珍貴的贈品，那就是「火」。

既然宙斯不給，普羅米修斯決定要靠自己的力量，為人類把「火」給弄來。他摘取了一個堅挺的大茴香枝，跑到天上，站在太陽馬車必經的路上，當太陽馬車從天上疾馳而過的時候，普羅米修斯趕緊將樹枝伸到太陽馬車的火焰裡，樹枝立刻燃燒，普羅米修斯就這樣順利得到了火種，趕緊拿著這珍貴無比的火種回到大地。從此，人類就有了火。既然人類已經懂得用火，就算是宙斯，也不能再將這奇妙的火給奪回去。

宙斯簡直快氣炸了！馬上想出一個新的災害，希望能夠抵銷火帶給人類的好處。

火神赫菲斯特斯向來以技藝高超而聞名，宙斯命赫菲斯特斯創造出一個美麗的少女。赫菲斯特斯是宙斯和天后赫拉的兒子，為了討父親的歡心，赫菲斯特斯把這個少女造得無比動人。諸神也都紛紛來幫忙，送給這個少女一切對人類有害的本事，就連智慧女神雅典娜由於愈來愈嫉妒普羅米修斯，不像從前那麼喜歡他，而親自為這個少女打扮。宙斯創造出這麼一個出色的「禍害」，給她取了一個名字，叫作「潘朵拉」，意思是「獲得一切天賜的女子」，然後讓她降臨到世上。

潘朵拉捧著一個巨大的盒子去找普羅米修斯的弟弟，因為普羅米修斯的弟弟沒那麼明智，比較好對付。普羅米修斯得到消息，立刻趕去，要弟弟趕快把潘朵拉退回去，他說：「千萬別接受宙斯的贈品，以免為人類帶來災難！」

可是他的弟弟不聽，反而還認為是他的哥哥疑心病太重了，「一個美麗的少女會帶來什麼災難？」

沒想到，潘朵拉一走到他的面前，就突然掀開盒蓋，他還沒搞清楚怎麼回事，已經有一大堆的災難從盒子裡飛出來，像閃電一樣迅速擴散到世界的每一個角落。在此之前，人類並沒有什麼災禍，也沒有什麼大不了的苦痛，但是自從潘朵拉打開了盒子以後，世間就充滿著各式各樣數不盡的災難；而且，由於宙斯沒有給「疾病」聲音，所以，「疾病」總是無聲無息的在世間到處徘徊。

盒子裡唯一的一件好東西——「希望」，卻深深的藏在盒底；潘朵拉按照宙斯的囑咐，趁「希望」還沒來得及飛出來的時候，趕緊又把盒蓋蓋上，把「希望」永遠鎖在盒子裡。

現在，宙斯滿意了，轉而要來對付普羅米修斯。他將普羅米修斯交給火神赫菲斯特斯，以及赫菲斯特斯的兩個僕人，一個叫作「強制」，另外一個叫做「暴力」。

他們把普羅米修斯拖到一片荒原，用堅固的鐵鍊把普羅米修斯鎖在高加索山的懸崖絕壁上。其實在這個時候，赫菲斯特斯很同情普羅米修斯，很不願意去完成父親交付的任務，可是父命難違，赫菲斯特斯只好在百般無奈之下，完成這個殘酷的任務。

普羅米修斯就這樣被吊在懸崖絕壁上，日日夜夜都得直挺挺的懸在那兒，既不能睡覺，也不能彎一彎疲憊的雙膝。然而，他受的折磨還不只這樣，宙斯竟然每天派一隻鷲鷹去啄食普羅米修斯的肝臟！同時，無論肝臟被吃掉多少，第二天一定又會長出來，完好如初，如此周而復始……

普羅米修斯所承受的痛苦似乎是永遠的……

直到數百年之後，希臘神話中最偉大的英雄——赫丘力，在經過高加索山的時候，也非常同情普羅米修斯，並為普羅米修斯所做的犧牲而感動，於是一箭射死了鷲鷹，並且鬆開鎖鍊，把普羅米修斯解下來，放他自由。

但從此以後，普羅米修斯仍然都戴著一個鐵環，鐵環的另一端則拴上一小塊高加索山懸崖絕壁上的石片，好讓宙斯能夠繼續誇耀：「我的敵人還一直被我鎖在高加索山上！」

（轉載自《希臘羅馬神話故事》管家琪◎改寫，幼獅）

開心閱讀

我們這一課的重點是「如何把一件事情寫清楚」。

不管你是要寫一篇記敘文、抒情文或是議論文，如果能夠在文章中把一件事情寫好、寫清楚，這篇作品就能撐得起來，整體讀起來的感覺也就不會太差，總會讓人感覺到言之有物，比較具體，比較有內容。如果你所寫的事情和文章的主旨、題目都很貼切，那就更會有加分作用。「把一件事情寫清楚」可以說是很重要也很基本的作文訓練。

建議大家不妨讀讀希臘羅馬神話故事，因為希臘羅馬神話故事裡（當然這是指原著）幾乎每一個人都有一個名字，連路人甲、路人乙也都有名字，而且幾乎都是什麼什麼「斯」，真是很容易看得頭發昏，但是看多了以後，你也能很快的就抓到那些故事中的重點，並且看看人家是怎樣把一個又一個複雜(同時也是情節豐富)的故事說清楚。當然,你也可以從兒童版、少兒版的希臘羅馬神話故事開始看起,只是最好能多看幾個版本,因為相對於原著而言,兒童版的字數都太少了,所能呈現的故事自然也都相當有限。同樣的故事,多看幾個版本,你也可以比較一下,哪一個版本講得最清楚、最有意思。

此外,很多人都說,西方的文學、哲學,乃至於法律、政治,最初的源頭其實都來自於希臘羅馬神話故事,高年級的小朋友可以多接觸,將有助於開拓自己的視野。

房老師的趣味語文活動

盲人馱跛子

房老師先給大家看兩段文字。

㈠一個滿頭大汗的小男孩衝進屋裡，從桌子上抓起一杯茶，一仰頭，呼嚕呼嚕，一下子喝了一個底朝天，然後又出去了。

㈡一個老爺爺端起微微冒著熱氣的茶杯，小心將嘴唇貼上去，慢慢用力一吸，一小股茶水就到了老人嘴裡。只見他抿住嘴巴，好像在吃著什麼山珍海味似的。臉上露出了微笑。

房老師問：「大家想想，這兩段文字有什麼關係？又有什麼區別？」

陳儀首先說：「都是寫喝茶。不同的是前面的男孩因為玩得口渴了才急急的喝茶，而後面是一個愛茶的老人在慢慢品茶。」

房老師說：「說得真好。老師今天讓大家讀這兩段文字的目的，就是想告訴大家，雖然表面上都是寫喝茶，但細細讀來，卻又是兩回事。為什麼能夠讓讀者分得這麼清楚呢？這就是陳儀剛才所說的，一個是止渴，一個是品茶。這是兩條不同的主線，貫穿在各自的文字裡。無論是閱讀還是寫作，只要找到了線索，就能夠讀懂文章，也能夠寫清楚事情。今天老師就要帶大家玩一個找線索的遊戲，活動叫作『盲人馱跛子』。」

稍後，房老師把大家帶到附近一片山林，然後跟大家解釋遊戲規則：「兩人為一組，一個當『盲人』，一個當『跛子』。『盲人』蒙上眼睛，馱著『跛子』穿越這片山林。『跛子』指路，『盲人』前進。兩人相互配合，關鍵是『跛子』會選擇一條怎樣的路讓『盲人』來走呢？我們期待著一個又一個精采的故事吧。」

等到同學們都分好組了（大部分都是大個子同學來背小個子同學），所有做「盲人」的同學也都蒙上眼睛了，在遊戲即將展開的時候，房老師再三叮嚀：「這個小山坡不是很陡，這段路也不是很長，但一路上各種纏人的樹枝還滿多的，也有一些小坑，有石塊，還有青苔，負責當『盲人』的小朋友腳下一定要小心，負責當『跛子』的同學也一定要考慮『盲人』的體力，來選擇適合的路線。大家記住，只要一發現有安全問題，就立即終止遊戲。好，我們遊戲的目的地就在山坡的那一邊，房老師先過去在那裡等著你們來說故事。」

不久，有小朋友走到房老師的身邊了，第一組到達的是陳儀和房婉瑩。

一組，兩組，三組……，小朋友陸陸續續都到了，有的興高采烈，有的氣喘吁吁，有的表現平靜。最後出現的一組是李思瑤和李佳薇，兩個人居然眼裡都含著淚水。

房老師說：「大家做的都是同樣的一件事情，為什麼有的手舞足蹈，有的垂頭喪氣？大家明白自己是做了一件什麼樣的事情嗎？現在，請每一組小朋友都想清楚再講出來，記得要抓住整件事情中重要的線索。哪一組小朋友要先分享？」

王亞洲和吳忠奇站出來了。

王亞洲說：「我們這一組，是吳忠奇做『盲人』，我知道他很厲害。

一開始，我就指揮他選擇走斜坡。我說上坡，他就知道用一隻手去抓灌木叢，一用力就上去了。我後來不用嘴巴提示，就扯他的耳朵，左拐右拐，他的腳靈活極了。我們還選擇了跳小坑，彎腰鑽荊棘叢，可刺激了。」

房老師問吳忠奇：「那，你知道自己做了一件什麼事嗎？」

吳忠奇說：「我們做的是高手的事。我們都是穿越山林的高手呢。」

大家都笑了起來。鄧哲還說：「真想要吳忠奇馱著我穿過整個山林呢！」

接著，是最先到達的陳儀和房婉瑩這一組。

陳儀說：「聽了王亞洲這一組的故事，我覺得我們的故事充滿著遺憾。我馱著房婉瑩，她選擇的都是比較簡單的路線。我們事先計畫好了，

只需要用『前進幾步』、『左拐彎』、『右拐彎』、『有小坑』等簡單的語言做提示，一路上，我們也沒碰上什麼困難，所以是第一個到達目的地。」

可是，房婉瑩說：「其實我們的有驚無險，也是一條主線啊，因為我們計畫周密，提示語言很清楚，這也值得大家學習啊。」

大家都鼓掌表示贊同。房老師說，是啊，在看似平淡的東西上其實也還是有規律、有線索的。

還有剛才含著淚水回來的李思瑤和李佳薇也站出來報告了。

李思瑤說：「我們本來不想說的，因為我們的故事很糟糕。一開始，我們就在爭著當『跛子』，都想要對方背。我說我能夠將自己看到的問題及時提醒李佳薇，李佳薇不同意，她擔心她會摔倒。後來，我讓步了，我當『盲人』，我的力氣不大，但我還是馱著她。她一開始就說『走這邊』、『走那邊』，弄得我不知道該前進還是往左或是往右，有時走出去了，才發現不是這邊，而是那邊。她的提示很含糊。有時路子走對了，她就『前進、前進』說個不停，結果我都撞到樹了，好疼。她說前面有小坑，結果我往左邊一踩，有青苔，結果兩個人都摔倒在地上，老半天起不來。我本來想撤掉眼罩，放棄的，但是感覺到李佳薇緊緊抓住我的手，抖得很厲害。最後我們還是堅持著走過來了。」

房老師說：「聽起來很精采，也很勇敢啊。李佳薇，你說說看你的想法吧。」

李佳薇說：「老師，我本來就不是很會說話，一走進山林，我好緊張啊，我不敢蒙著眼睛走路啊，所以我才會搶著要當『跛子』，要李思瑤背我，可是我伏在李思瑤的背上也是好害怕，結果我們才會走成那樣。」

這時，徐旋一在旁邊插話說：「聽了李思瑤剛才的描述，我也覺得聽起來真是一次扣人心弦的緊張之旅啊。」

房老師總結說：「大家之所以能夠將自己的經歷說清楚，關鍵是都找到了在各自事件裡不同的線索，這麼一來，所有的語言與行動等細節就都有了說服力。我們在作文的時候也是一樣，描述一件事情，一定要先確立一條主線，再圍繞著主線去蒐集和組織材料，這樣就能夠讓讀者很清楚你所要表達的意思。」

快樂習作

請小朋友寫一件具體的事情，也許是一件好玩的事，或是一件難過的事、難忘的事，都可以，從頭到尾只要好好的、專心的寫一件事。

尷尬的演講比賽

◎房婉瑩

去年，我代表班上參加了學校的演講比賽。我和媽媽一起在網上找了一篇關於社會變化的文章。每天一有空，我就練習背誦與演講那篇稿子。

比賽的日子終於來了。賽場設在操場裡。我來到現場，想著那篇日以繼夜背的演講稿，心裡像有上百隻小兔子在亂跳，雖然我參加過許多次演講，但每次都是百分之百的緊張，尤其是當著全校演講。我緊張的聽著其他同學的演講，突然聽見有人在背我的演講稿，天哪，我不會聽錯了吧！是真的，有人在背我的演講稿，我抬頭一望，站在台上的方攀同學正在演講呢！他念的就是我的演講稿。老師也替我捏了一把汗。我告訴老師我要退賽，因為別人已經背了我的稿子，我去還有什麼用呢？再上去，頂多是被人笑話一番。同學們都安慰我，瀋陽同學說：「怕什麼？方攀講的一點也不流利，還減了很多字，演講就像念經一樣，一點也沒有感情，相信你自己，你行的。」我頓時有說不出的幸福，這時廣播裡報了我的號碼，老師一聽就催我上台，我只好硬著頭皮上去了。拿著麥克風，沉默了半天，什麼也說不出來，最後，鄧永紅老師對我點點頭，我才鼓起了勇氣，把演講稿在全校面前背了下來，應該說是重複一遍……

大家議論紛紛，我不知如何是好，愣了半天，才把麥克風遞給下一位選手。

一回到觀眾席，老師就對我說：「你講得很好。」我靜靜的聽著，直到評委宣布成績，最後，獎狀是被方攀奪走了，我眼裡閃著淚花，正想大哭一頓，可是我想起了爸爸常說的一句話：哭不能解決問題，碰到困難不准哭。我就把眼淚又收回去了，我那時心裡是多麼委屈，多想去找爸爸媽媽，因為我一傷心就想找爸爸媽媽，可是，這是學校，爸爸媽媽不在學校裡。我便獨自面對了這無情的現實。

不過我很高興我能這麼勇敢的面對這尷尬的現實。要是我先念稿子，人家方攀一定也會很尷尬吧。

爬竹 ◎陳儀

今天，老師帶我們來到了一片竹林。

老師選了一根老竹子要我們試著爬上去。看著那光滑的、細細的竹子，我們都吐著舌頭，這怎麼能上啊？不過男孩子都試了，有些人還爬得很高。

只有梁峰一直沒有爬上去，因為他太胖了。女孩子都望著那根竹子發愁。

老師叫集合了。他讓李子龍爬，大家在一邊學。只見李子龍一隻腳彎著，好像貼在竹子上，另一隻腳用力往上一攀，手也不斷上抓，身子就上去了。我們知道了，手腳都要用力才行，可是，我們女孩子的力氣小啊，有兩個力氣大的過去爬，也只爬一點點高就不行了。

後來有同學想到用繩子綁住身子，像那些電工攀電線桿一樣。老師直誇大家愛動腦筋，找了一個同學的橡皮筋綁住我們的腳，這樣，我們借助繩子的壓力，能停在竹子上了。因為橡皮筋有些滑，我們只能爬上去一點點高，但大家都挺高興的。

下次來，我一定不用繩子也要爬上去哦！

有趣的「變臉」

◎何雅麗

今天第三節課老師和我們一起做一個遊戲叫「變臉」。

房老師叫曾祖緣上來做一個示範，老師用兩個大拇指按在曾祖緣的眼角，往上面一捏，我大叫起來：「是個和尚！」

老師又把王亞洲叫了上來，看到他的鬍子，同學們都說：「不是一個日本人吧！」王亞洲說：「不是的，是個在咳嗽的老人呢。」我們還以為是個日本人，太好笑了。

何順宇也上來了，太好笑了，居然在自己乾乾淨淨的臉上左右兩邊畫上三橫，中間還畫了一道鬍

子，眼皮居然還翻過來了，變成了一隻害羞的小花貓，太好玩，太有趣了。

趙撲的更有趣，在頭上簡簡單單畫了一個大眼睛，是豎起來的，「那不是二郎神嗎？」陳誠站起來說：「怎麼沒看到哮天犬呢？」原來二郎神也不記得了。

唯一一個女孩子上來表演，哦！原來是陳儀呀！她用大拇指按住眼角往上一捏，成了一隻可愛的小狐狸。

我覺得這節課太開心了。

管阿姨點評

這三篇作品都寫得很不錯，都把一件事情寫得很好、很清楚。

就事情來說，陳儀小朋友和雅麗小朋友所寫的都是好玩的事情，都是一堂有趣的課，婉瑩小朋友所寫的事情本身是比較特別的，屬於一種比較有獨特性、在別人身上不容易重複的經驗，這樣的經驗當然是一個很好的作文素材，接下來就要看作者能不能把握好，別把一個好的素材給寫壞了，幸好婉瑩小朋友處理得很好，作品中還自然流露出了一種善良的秉性，令人印象深刻。

第八課 包青天

包拯的故事

如果說「包拯」你還不一定馬上就知道是誰的話，那麼，說「包青天」你就知道了。沒錯，「包青天」就是「包拯」，也有很多人習慣稱他為「包公」。包拯是在歷史上真實存在過的一位人物，但感覺上他好像是虛構的，這都是因為近千年來以他的事蹟為體裁的戲劇、小說、故事、評書、相聲等創作形式非常豐富，且歷久不衰，久而久之他就帶著濃厚的民間傳說的色彩，有一點不像是真人了。至少我們現在所熟悉的關於他的造型，就是戲劇化的結果；他就算天生皮膚比較黝黑，可也絕對不可能黑成那樣。

包拯所生活的年代是在北宋真宗和仁宗兩朝。他出生於西元九九九年，去世於西元一〇六二年，享年六十三歲。字希仁，廬州合肥（今天安徽省省會合肥）人，合肥裡的包公故居一直是個知名的景點。

包拯能夠成為一位極具魅力的歷史人物，萬古流芳，主要是基於以下幾個特質：他為人剛正不阿，正義感極強，有原則，不畏強權，能為小老百姓主持公道（最典型的故事當屬「陳世美」的故事，但這個故事其實是演義的，並不是真實的），他是中國古代的福爾摩斯兼柯南，擅長推理，又有效率，從辦案、查案到行刑採取一貫作業，審判完畢可以當場就把犯人給鍘了，教人看了好不痛快！還有，他非常廉潔。這些特質不管放在哪一個年代都一定很能夠虜獲人心，更何況是在過去的封建社會！

儘管我們現在透過民間傳說、透過影視作品所看到的包拯有強烈的演義色彩，但都還是有所本（就是「有根據」）的演義，歷史上的包拯確實是老百姓心目中一位難得的清官。老百姓不僅稱呼他為「包青天」，還把他比喻成「黃河清」，因為黃河的水總是帶著大量的泥沙，終年呈現渾濁的現象，有人說這就好像在封建時代，貪贓枉法是官吏的本性一樣，可是包拯偏偏是「黃河清」，由這個比喻也就不難想見在老百姓的心目中，包拯的人格有多麼的高尚。

他在二十八歲那年（西元1027年）中進士，仁宗時任監察御史，強調練兵選將，務實邊備，以禦契丹。後任天章閣待制、龍圖閣直學士，官至樞密副使。在開封府時，執法嚴明，不畏強權，廉潔奉公，稱譽朝野。所以在戲劇作品中，包拯開口總是自稱「本府」，就是因為他掌管過開封府的緣故。

包拯曾多次上書朝廷，要求正刑明典，清明吏治，王宮貴族犯罪與庶民同罪。他不僅這樣呼籲，他還真的身體力行。比方說，當時的開封府內，不少達官貴人的子弟總是耀武揚威，眼裡根本就沒有王法，老百姓都深以為苦。包拯一上任，執法嚴明，嚴懲了好幾個這些目無法紀的權貴子弟，令人眼睛一亮。

他還不只是有勇氣對付這些權貴子弟，他完全就事論事，對付枉法的官吏和宦官，也毫不手軟。舉兩個例子。有一個名叫張方平的官吏，當時任三司使，廣置田產（以今天的話來說大概就是「惡意炒作房地產」），老百姓怨聲載道，包拯遂針對張方平這種不當的行徑一再彈劾，最後張方平終於被免官罷職；此外，有好幾個宦官在開封府廣植「園榭（台上的房屋）」，侵占了惠民河（以今天的概念來說，大概就是私自在河邊蓋違章建築，而且還是非常豪華、景觀非常好的「水景房」），導致惠民河經常淤塞不通，嚴重影響了老百姓的生活，結果，包拯一心為民，不管那些宦官都是皇帝身邊的紅人，一般人根本不敢輕易得罪，硬是下令把那些在惠民河附近的園榭通通拆除。包拯做事的魄力，堅持公正執法的決心，確實是很令人佩服。

看看歷史上對包拯諸多事蹟的記載，其實也就不難想見為什麼關於他的演義故事會這麼多，因為他確實是一個很能為老百姓著想、所謂很能「體貼民情」的好官。比方說，解州（今天山西運城）鹽法繁縟，由政府專賣，可是這不但沒有增加政府財政收入，反而還使大量的百姓無鹽可食。包拯親自去調查這個怪現象，最後改為政府統購統銷，鼓勵商販貿易，結果不僅徹底解決了問題，還達到了便民利國的奇效。在包拯的從政生涯中，像這樣的事例真可說是不勝枚舉。

他的廉潔自持也是少有的。包拯公私分明，儘管做官，生活還是很樸素，無論穿衣、飲食或使用的器具，都與一般老百姓沒有什麼太大的不同。他曾經做過端州（今天廣東肇慶市）的地方官，端州特產端硯，端硯向來是上貢精品（就是要獻給皇帝的），以前端州歷任官吏往往都會趁上貢的時候，多徵收貢品所需數額的數十倍，然後，扣掉貢品，剩下來的就當作向當朝權貴行賄示好的禮物，但是包拯在端州的時候，卻始終嚴格按照貢品數額來徵收，絕不多徵，到他卸任的時候也沒有收藏過一個端硯。

包拯不僅自己潔身自好，同時也嚴格教育和要求自己的後代，常常告訴他們，後代子孫如果為官，一定要高度廉潔，如果犯了貪贓之罪，活著的時候就不得回家，死了以後也不能埋葬於祖墳之內。包拯還特別嚴厲的聲明，「不從我志者，非我子孫」，意思就是說不聽我話、不能遵守我所遵守的原則，就不能算做是我的子孫！

或許好官難求，老百姓對於一個好官的嚮往是超越時代性的，也因此正義凜然的包拯才能永遠活在老百姓的心裡。

（轉載自《100個你一定要知道的歷史故事Ⅲ》管家琪◎文，幼獅）

開心閱讀

很多作文題材是環繞著某一個人物，所以，練習如何寫好一個人物當然就很重要。我們在閱讀跟人物有關的作品時，不妨也多多留心，思考到底該從哪些方面來呈現一個人物的外表、性格以及價值觀等等，多動動腦筋看看該怎麼用文字讓一個人物「活」起來。

房老師的趣味語文活動

猜猜這是誰

房老師說：「今天的活動，要看看誰讀的書最多，誰又對生活最留心，活動名稱叫作『猜猜這是誰』。共有兩個環節，第一個環節是要猜書中的人物，大家可以根據讀過的書，找出書中某一個人物，根據書中對這個人物所描寫的一些特點來出題，把提示一點一點的透露，讓大家來猜；第二個環節是把我們生活周遭裡的人物當成出題範圍，大家可以歸納一些同學們都很熟悉的人物特點，然後讓大家來猜。」

大家都紛紛開始在紙上列提綱，寫提示，準備出題。

過了一會兒，鄧哲第一個上台出題。他開始說提示：「我要說的這個人，他的長相黝黑、行為粗魯，脾氣非常急躁。」

說到這裡，他稍作停頓，沒有人猜得出。

鄧哲繼續說提示：「他非常有孝心，與老母親相依為命多年，後來當了草寇，生活條件好了，就接母親上山享福。」

還是沒有人知道。

「他手持一雙板斧，曾連殺四虎。與敵交戰，逢人便殺，勇猛無比。曾大鬧東京城，扯了皇帝詔書。」

這時，王亞洲舉手說：「我知道了，是李逵，『黑旋風』李逵。」

房老師問：「為什麼到了最後才知道？」

坐在王亞洲旁邊的李思博說：「因為我們對李逵手拿板斧的印象很深，特別是殺死四隻老虎的故事，非常生動。」

房老師又問大家，「你們覺得鄧哲對李逵的介紹好不好呢？」

大家都說覺得不錯。王亞洲評論說：「鄧哲從李逵的外貌、性格，以及殺四虎、鬧東京等有名的事情告訴了我們，這就是那個孝順、勇猛而又耿直的李逵。」

房老師小結說：「看來想要讓讀者記住一個人物，一定要有經典的事情啊。」

接著上台的是平常不大愛發言的鄒界。

鄒界說：「我也想說一個梁山好漢。他是一個和尚……」

大家馬上回答：「魯智深！」

鄒界說：「是的。」

房老師問大家：「難道《水滸傳》裡只有魯智深一個和尚？」

王亞洲說：「我們是猜想鄒界只會說這個魯智深，因為『花和尚』好說一點嘛。其實相國寺裡有很多的和尚呢！」

房老師說：「我也來問大家一個問題吧。有這麼一個和尚，打過老虎的，知道是誰嗎？」

大家都搖頭。

房老師接著說：「他有一個賣燒餅的哥哥。」

歐夢賢搶著回答，但是口氣不大肯定，「武松？」

王亞洲說：「不對吧？武松不是一個和尚，是頭陀。要不然只要一說到打虎，我們早就會猜到是武松了。」

房老師說：「大家可能沒看到《水滸傳》最後的章節吧。武松最後在六和寺出家，直到八十歲去世。他當和尚的生活寫得少。有瓦罐寺的惡和尚崔道成，還有相國寺的那群和尚。」

大家聽了，都覺得很新鮮，因為老師所說的這些關於武松的故事，確實都是大家之前沒有聽過的。

房老師問鄒界：「我看你對於魯智深的介紹好像寫了不少，現在你來告訴大家，如果要介紹魯智深，你會怎麼介紹？」

鄒界說：「他三拳打死了鎮關西，在五臺山醉打山門，毀金身，相國寺倒拔垂楊，威名揚，野豬林救林沖。」

房老師說：「不錯，都是魯智深的一些經典故事。不過，其實也可以講一講他的相貌。」

接下來，進入第二個環節，就是把周圍的人，當然必須是大家都相當熟識的人，列入出題範圍。

李思瑤首先說：「這是一個喜歡紮馬尾巴的同學，臉有些黑，眼睛非常有神，輪到她管秩序的時候，如果瞪你一眼，你會感到一股寒意。她的愛好很廣泛，能寫一手好字，會設計海報，還能跳拉丁舞。她的作文很不錯，好幾篇文章都上報紙了。她還會學老師的樣子說：『你，你，還有你，等一下我可要陪你做作業了。』」

大家都知道李思瑤說的這個人是誰，「是班長啦。」

最後，房老師總結：「寫一個人物，我們要從這個人物的外貌、性格、愛好、動作和心理活動等方面來寫，更要通過一些具體的、有代表性的事件來寫。對人的理解不同，我們選擇的事例可能也不相同。不過，不管是寫喜歡的人還是寫不喜歡的人，都要真實客觀，才會讓人讀來相信。」

快樂習作

讓小朋友練習寫某一個具體的人物，可以是身邊的人（家人、老師、同學等等），或是生活範圍裡的人（譬如不常碰面的親戚、某家文具店的老闆等等），或是陌生人（譬如在公車上碰到的一個人），也可以是完全沒見過的人（譬如古人）。

五十四班的怪人

◎吳忠奇

怪人一定是個很怪的人吧！我們五十四班就有十幾二十來個。

我來說說我們班其中的一個怪人吧，就是馮彬彬。

他有白白的皮膚，圓圓的眼睛，小小的嘴巴，尖尖的鼻子，頭髮像三毛的一樣。（注：這裡所指的「三毛」是大陸一個有名的漫畫人物。）

他不管上什麼課都會玩些花樣，但老師一批評他，他就笑著笑著，把頭低下去了。

我覺得他很怪，做課間操的時候，當老師一不留神，他腦筋一轉，就想了一個鬼點子，做別的操。他一個人在那裡扭屁股，口裡還念念有詞，脖子扭扭，屁股扭扭……等老師一回頭，他就急忙做我們的課間操。

我怎麼也搞不懂他，他為什麼不把他的聰明用在學習上呢？如果他把聰明用在學習上的話，一定會有很好的成績的。

但是他出洋相，也有一個好處，給我們全班帶來了快樂和歡笑。

我想就算他讀不好書，也會走向我們民間的相聲表演。

我們班的怪人 ◎張娜

我們班裡有許多怪裡怪氣的人，像李澤南、陳傑、徐旋一、吳忠奇等，下面就讓我為大家講講我認為最怪的人吧！

她叫李懷燕，她是一個膽子小的人，別人要她去做什麼她就會幫別人做，所以有許多人都會請她幫忙。

在課堂上，她從來不會舉手發言，只會認真聽老師講課。當老師要她回答問題時，她總有一個特別的習慣：鼓著兩個腮幫子。

當她生氣時，她不會像別人那樣顯得很暴躁，她只會一個人默默的坐在座位上，顯得那麼孤單。當別人叫她去玩時，她不會那麼輕易的去，她還要別人說幾句好話來討好她。當她心情覺得好了時，她就會變得開心些，她朋友不多，只喜歡和黃燕玩。

這就是我心目中的怪人。

管阿姨點評

這兩篇作品，小朋友所寫的都是身邊的同學，寫得雖然都還算具體，不過，這樣的題目有一點「危險」。為什麼這麼說呢？因為「怪」這個字，有正面也有負面的含意，題目說是要寫怪人，如果不是用比較輕鬆的口氣，寫得比較好玩，一不小心就會帶有一點批評的意味了。

第九課 如何用文字來建造皇宮

一座活生生的皇宮

愛爾蘭裔的英國文學家奧斯卡・王爾德（1854～1900年），所留給世人的童話作品不多，卻幾乎篇篇都是精品，譬如〈快樂王子〉、〈夜鶯與玫瑰〉、〈自私的巨人〉等等，都是大家耳熟能詳的作品。王爾德的文筆非常優美，下面我們就以〈公主的生日〉這篇作品為例，來看看王爾德是如何透過細膩的描寫，成功的營造出濃厚的戲劇感。

與〈快樂王子〉、〈自私的巨人〉相較，〈公主的生日〉這篇作品在情節上比較單純，大意是說，在西班牙公主十二歲生日那天，皇宮裡有許多慶祝活動，當然也少不了精采的表演節目，其中最受公主以及小朋友歡迎的是一個小矮人的舞蹈。這個小矮人是在兩天前才被發現的，「當時的他正在森林裡狂奔，兩位到森林裡去打獵的貴族發現了他，便將他帶回宮廷裡，送給公主當作禮物；小矮人的父親是個貧窮的燒炭工人，他也樂得將這個奇醜無比又沒有什麼用的孩子送走。」

由於森林裡沒有鏡子，小矮人一直不知道自己長得很醜，更不知道是因為自己醜陋的外表所表演出來的動作才惹得大家大笑，他還以為是自己跳得很棒的緣故呢。當小矮人的舞蹈結束後，公主從鬢髮上摘下一朵漂亮的白玫瑰，拋給小矮人，小矮人原本就已經為公主著迷了，這下子更是樂壞啦。

接下來，公主要去午睡，臨走前下令等她睡醒之後，要小矮人再為她跳一支舞。當小矮人聽到自己有機會要在公主面前再次獻舞，高興得衝進花園裡，還在無意間誤闖了皇宮。

皇宮──你想像中的皇宮是什麼樣子呢？我們來看看王爾德的描述：

「整座皇宮似乎都睡著了，窗戶也沒有關上，只是放下厚重的窗簾遮擋陽光而已。他四處走走，看看可不可以找到通向宮殿裡頭的入口，後來，他終於看到一扇隱蔽的小門是開著的。他溜進小門，立刻發覺自己置身於一個極為華麗的大廳裡，他覺得這個大廳比森林可怕，因為這裡到處都貼金飾銀的，地板全是大塊的彩色石頭鋪成的，還拼成幾何圖形呢。可是小公主不在大廳裡，這兒只有一些美麗的雕像，它們從寶石做的雕像架上俯視著他，眼神悲傷空洞，帶著奇怪的笑容。

在大廳的盡頭懸掛著一幅繡得美輪美奐的黑絲絨布簾，上面布撒著精心繡成的太陽和星星，這是國王最喜歡的圖案，也是用國王最喜歡的顏色繡成的……」

從大廳之後，是一個又一個的房間，王爾德都十分細心的用各式各樣的家具和家飾來妝點這些房間。

比方說：

「四面牆上都掛著不同圖案的綠色花毯，這是一幅描述打獵情景的手工織花毯，由荷蘭的幾位藝術家花了七年的時間才完成的。這兒曾經是人稱『瘋子唐璜』的寢室……現在這個房間已被當成會議室用，正中央的桌子上放著部會首長們的公事包，上面印著代表西班牙皇室的金色鬱金香以及哈布士堡家族的標誌。」

「這是一個空房間。原本這個房間是用來接待外國大使的……四周的壁飾是加了金箔的上等皮革，紋路十分細緻而且還有光澤，黑白相間的天花板懸吊著鍍上金箔的巨型枝狀吊燈，上面排列著三百支蠟燭。在用小粒珍珠繡上獅子和卡斯提爾高塔的金黃色天篷下，就是皇座的所在，皇座上罩著一塊厚實的黑色絲絨蓋套，上面鑲嵌著銀製鬱金香，縫邊上還細細的繡上銀線和珍珠。皇座的第二級階梯上放著公主的墊凳，墊凳上擺著用銀線織成的布所裁製的靠墊。在皇座下面，天篷之外，擺放著教皇的座椅，在任何公開典禮中，教皇是唯一一位有資格在國王面前擁有座位的人，而他那飾著紅色穗子的主教帽子就放在前面的紫色小桌上。在面對皇座的那面牆上，掛著一幅真人大小的查理五世畫像，畫中的他穿著獵裝，身旁還跟著一隻高大的猛犬……」

最後，當小矮人來到整個皇宮裡最漂亮的房間時，這個房間「牆上掛著粉紫色的緞子，上面用銀線繡著可愛的花鳥，家具是純銀打造的，還結飾著鮮麗的花環和擺盪搖曳的愛神塑像。兩座大壁爐的前面還放著繡上孔雀和鸚鵡的大屏風，瑪瑙綠的地板彷彿延伸至遙不可及的遠方」；就在這個房間裡，有一面小矮人從未見過的鏡子。小矮人費了好大的勁，才終於發現原來眼前「這個全身沒有一處地方對勁，駝背彎腳，既奇怪又醜陋的人就是他自己」的時候，小矮人十分震驚，「絕望的慘叫一聲，哭倒在地上」，最終心碎而死，再也沒有辦法跳舞給公主看了。

〈公主的生日〉這個故事其實滿悲傷的，也有點兒殘忍，不過，請小朋友們不妨仔細欣賞一下王爾德是如何用文字為我們展示一座逼真的皇宮。讀著王爾德的文字，真會讓人覺得那座美輪美奐的皇宮歷歷在目，彷彿就在眼前。王爾德的技巧就在於他把那些裝飾性的東西，描述得十分耐煩，十分細膩，讀者讀起來自然也就感到十分真實了。

開心閱讀

作家其實就像是一個全才型的電影工作者，不但要自編、自導、自演（從主角、配角，到路人甲、路人乙，都要演），還要打燈光、做音效、準備道具。小朋友作文，也是同樣的道理。

道具，準備起來很繁瑣，可是對於戲劇感的營造相當重要。想想看，如果在一個古裝電影裡飛來飛去的大俠，手腕上居然戴著手錶，這不就穿幫了嗎？

我們這一課的重點，是想提醒小朋友們「物」的重要。這個「物」，主要是指東西，有的時候，譬如一個音樂盒、一個鉛筆盒、一張照片等等，都可以引發我們聯想，從描寫一個東西往往很自然的就會帶出這個東西背後的故事，包括它的樣子、它是怎麼來的，以及它所承載的情感。

此外，也有小朋友把「如何寫物」的這個「物」理解成是「小動物」，如果是相對於上一課「如何寫人」的概念，這樣的理解也未嘗不可。

房老師的趣味語文活動

模擬拍賣會

房老師問：「大家應該都在電視上看過拍賣會吧。誰來介紹一下拍賣會的情況？」

李澤南舉手，說：「我在杭州讀書的時候到過拍賣會的現場，親眼看過拍賣會。我知道拍賣會上最重要的是那個拍賣官，所有要拍賣的物品不但要有文字或是圖片的介紹，還要有現場的拍賣官炒熱氣氛，才能引起大家收藏的興趣。」

徐旋一說：「拍賣品有時候是真品，有時候是假的。」

鄧哲說：「我也覺得拍賣官看起來很神氣。」

這時，房老師引入正題：「今天我們要做的這個活動就叫作『模擬拍賣會』，大家都來當一次拍賣官，挑選身邊一個最適合拍賣的物品，琢磨怎樣來介紹它的特點，怎樣讓它受到大家的歡迎。」

大家開始興致勃勃的東看西看，挑選要拍賣的東西，並且用心寫下「拍賣品」的特點。

鄒界第一個上台。他要拍賣的東西是一條繩子。

「大家好！這是我前年去長沙旅遊的時候買的一根跳繩，當時店主是一個漂亮的苗族姑娘，說是用他們家鄉特製的橡膠做的，很結實。現在起價十元。」王亞洲說：「肯定是騙人的，要真的是好東西，你怎麼會捨得賣呢？」

鄒界愣了一下，馬上接著說：「你不信，那你來看看，這根原本只有三公尺長的跳繩，我們用力扯兩頭，可以達到九公尺長，可是一鬆手，它又會回復到三公尺。」

王亞洲好奇的上台，真的和鄒界各拉一頭，用力拉，結果還真的拉得好長。

台下的小朋友都紛紛尖叫起來，都說：「好長啊！」

鄒界又對王亞洲說：「你看看，這個紅色還是當時的紅色呢。」

王亞洲聽了，真的用手去刮那個紅色，怎麼也不掉色。

鄒界說：「我每天都會把它綁在兩棵樹上，我在中間邊跳邊唱，好玩極了。這根跳繩真的很棒，但我願意給更多的人分享。」

台下都鼓起掌來，馬上有女同學舉手說要買。但是沒有人競價。鄒界大概也還是有點兒捨不得這根跳繩吧，就說不賣了，然後就走下拍賣台。

接著上台要當拍賣官的是房婉瑩，但她不是拍賣自己的東西，而是幫李思瑤拍賣一個布包。

房婉瑩說：「李思瑤委託我拍賣這個布包，裡面能裝很多東西，包括各種文具。顏色很樸素，適合男生和女生，摸上去有些軟綿綿的感覺，很舒服。用途廣泛。上學可以用來代替文具盒；去親戚家玩，可以裝果子；出外旅行，可以放上一瓶水啊什麼的，都行。李思瑤已經用了三年，希望大家喜歡它。現在拍賣起價一百元。」

大家都嚇了一跳，紛紛說：「太貴了啦！起價太高了啦！」

又一個拍賣官失敗。

接下來，李澤南要拍賣的筆袋和陳儀要拍賣的修正液，都由於太普通，也沒能成功的拍賣出去。

房老師總結：「今天每一個拍賣官都做得很用心，都能抓住拍賣品在外觀、來歷、用途以及與人的故事上的一些特點，做比較細緻的描述，的確能夠打動一些觀眾的心。我們不妨再選擇一個時間來進行跳蚤市場，到時候大家將自己不需要但還能夠用的物品拿出來拍賣，或是交換，讓這些物品重新發揮作用。」

快樂習作

請小朋友寫一個具體的「物」，文具、玩具、裝飾品，或是小動物，都可以。

我家的「蛋黃」

◎李思瑤

我家有一隻淘氣的小雞，名叫「蛋黃」。我之所以把小雞作蛋黃，是因為它的絨毛是金黃色的，而且牠的身子縮起來，就像一個圓碌碌的雞蛋黃。

小雞的模樣十分有趣——兩隻小眼睛快擠到一起，難看死了。兩隻小眼睛幾乎被絨毛遮住了。尖尖的櫻紅小嘴巴卻十分可愛，像一個極小的紅蘿蔔一樣。小雞的尾巴卻不僅是黃色的，還有白色，是黃白相間的呢，真像一把小巧玲瓏的小扇子。

有一次，我和媽媽提著桶子，拿著鋤頭，準備去河邊沒人種的地裡挖蚯蚓給家中所有的小雞吃。我們一路哼著歌兒，等我們到了那裡，才發現「蛋黃」居然跟來了，弄得我們哭笑不得。沒辦法，我們只好讓蛋黃站在我們旁邊。媽媽一鋤挖下去，露出了五六條蚯蚓，其中還有一條蚯蚓，被媽媽的鋤頭砍成了兩截，我嚇得尖叫一聲，趕緊跑開了。誰知蛋黃卻像火箭般衝上去吃，嚇得媽媽丟下鋤頭，生怕砸到了蛋黃。媽媽每挖到五條蚯蚓，就分給蛋黃兩條。蛋黃在一旁吃得津津有味，媽媽把一條大蚯蚓餵給蛋黃吃，小蛋黃看到這麼一條大蚯蚓，先在一旁觀察，再靠近來躍躍欲試，然後就啄成兩截，吞了下去。

回家的路上，蛋黃因為吃得太飽，走起路來沒那麼方便，像小鴨子一樣搖搖擺擺，把我給逗

笑了。

現在，蛋黃已經長大了，模樣與以前大不相同。從一隻淘氣的小雞，變成了一隻忠於職守的大公雞。大公雞每天早晨按時叫我起床，我現在還是那麼喜歡牠——蛋黃。

我的玩具小熊 ◎張娜

我有許許多多的玩具，它們都是我的好朋友，但和我最親密的玩具朋友是一隻玩具小熊。

那隻小熊是我媽媽買給我的，當我在超市裡見到它的時候，我就想買它了。

小熊全身黃色，毛茸茸的，脖子上繫著一條紅絲帶，那條紅絲帶上有一個鈴鐺。它身上還有一隻卡通小狗的圖案。

我無論什麼時候都拉著它，吃飯時把它捧在手上，睡覺時也把它放在枕邊，一樣讓它蓋好被子。

無聊的時候就和它玩扮家家酒，有時候，我的朋友們會把自己的玩具帶來，辦一個「玩具化妝舞會」，把它們打扮得漂漂亮亮的，和別的玩具一起跳舞。

小熊還有一個自己的家，是我用我買鞋的盒子做的，裡邊被我打扮得很溫馨呢！

這就是我童年最要好的朋友，它陪我愉快的度過了每一天，現在它還是一樣，是我最要好的朋友呢！

奶奶家的小狗

◎張惠玲

我家有一隻小狗，牠身著一身黃毛，顯得很威武。我還給牠起了個小名叫作「小黃」，因為牠全身黃色，黃中透出一個像釦子一樣的黑鼻子。

小黃很乖巧，最聽爺爺的話了，小黃在爺爺家生活了五、六年。每當爺爺出門做事，都跟著爺爺，寸步不離。

小黃很忠於職守的，有時路人從田野裡過去，牠就汪汪汪的叫，但是牠不咬人。有時候家裡有客人來，牠也叫個不停，除非爺爺奶奶不要牠叫，牠才會安靜下來。

小黃還交了許多朋友，常常跟別的小狗在山上奔跑著，叫來叫去。小黃還能吃，一

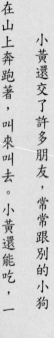

到吃飯時間，就衝了進來。

我家的小黃是不是很有特色呢？如果你家有小動物，也去發現牠的特點吧！

管阿姨點評

這三篇作品，兩篇是寫小動物，一篇寫玩具，都寫得滿不錯的，三個小朋友不僅對於要描寫的小動物和玩具有著各方面的觀察，同時字裡行間也都看得出來小作者的感情。

延伸活動

同學們可以將自己玩過的玩具都列出來，將重複的玩具去掉，每一個同學選擇集中玩具進行介紹，編成一本《玩具大集合》，送給低年級的小朋友閱讀。

第十課 湖濱散記

《湖濱散記》選段

「每天在林間幹活時，往遠處可眺望湖邊的美景，近處則可觀賞松樹與核桃樹的成長與茁壯。由於時值冬春交替之際，湖面的薄冰尚未融去，象徵著寒冬的威力無遠弗屆；然而每天收工回家時，在濛濛大地中的早春氣息卻無所不在，連雲雀與京燕都迫不

及待的飛出來報喜。」

「在湖邊的日子就彷彿住在另一個世界裡，舉目所及，有半邊天是被茂密的森林所覆蓋，華登湖的彼岸就形同地平線。」

「我的小屋位於山側，離湖邊只有咫尺之遙，四周環繞著蒼松翠柏，景觀煞是動人。我在屋前的那片空地種植了各式果樹和觀賞類植物，從櫻桃、草莓、藍莓，到長青樹一應俱全；到了秋高氣爽之時，滿地都是掉落的果實。不過這些野果都難以下嚥；我之所以硬著頭皮來淺嘗了幾口，完全是看在老天爺的分上。這不也是一種緣分嗎？」

「大自然的各種聲響不一而足，當我在盛夏

的午後沉思之際，常在窗口聽到許多前所未聞的「天籟之聲」，有時是老鷹的低空盤旋聲，有時是野雁的疾飛響聲；這裡聽到白鷺的獵魚聲，那邊乍聞鼬鼠在誘捕一隻倒楣青蛙的廝殺聲。殊不知聆聽這種野性的呼喚，確實也是人生一大樂事。」

「森林的風聲不一樣就是不一樣，當柔風穿越一排排的針樹林時，就猶如大師在恣意播弄豎琴上的和弦，經過山谷的迴響之後，其聲色之美簡直可媲美彩虹。」

「夕陽西下時，遠方的地平線隱隱約約傳來牧童的笛聲，不過還比不上牛隻的呻吟聲；這句話並無挖苦之意，畢竟兩者都同屬大自然的聲音。入夜之後，夜鶯照例要做「晚課」，讓人又可以免費聽上半小時的「小夜曲」。待結束之後，就換貓頭鷹來一段「哀樂」，那種如泣如怨的戰慄歌聲彷彿是個「墮落天使」的化身，影射出大自然的黑暗面。」

「華登湖於天地間，時而蔚藍，時而碧綠。從高處遠眺，它反映著蒼穹姿色，但近岸看來，靠細砂處是一片泛黃，然後遠一點是淡綠，再遠一點便逐漸加深為湖心深綠。光亮時，即使在山頂遠眺，近岸處也是綠油油，有人把它視為綠野反光，其實即使在鐵軌的沙岸地段，也同樣碧綠。在春天，當樹葉尚未豐茂，那簡直就是蔚藍湖水融合淡黃砂石的因果效應。」

「冬天的華登湖很特殊，冰面帶有些微微的綠色，就跟夏天的湖面一樣；可是從遠處望去，又可瞥見美麗的藍光，像極了一塊藍寶石。」

「每一天早晨，都是一個歡樂的邀請，我的生活如是真樸，我看見了自然的面目。」

開心閱讀

在「如何寫人」、「如何寫物」之後，我們這一課的重點是「如何寫景」。

小朋友作文的類型無非是記敘文、抒情文、議論文等等，如果要寫抒情文，當然就要描寫景物；即使是寫記敘文，或是在議論文中需要寫一個小故事來闡明一個道理，也都需要寫景。因為每一個故事、每一個事件，都需要一個發生的「舞台」，這個「舞台」，就是「景」。

這一課我們所選的是《湖濱散記》中的片段。這本書是美國近代作家亨利・梭羅（1817～1862年）一本很有名的著作。亨利・梭羅出生於麻薩諸塞州康克德市，他在二十八

歲的時候曾經離群索居，到華登湖濱隱居了兩年兩個月，後來他把這段生活經歷寫成了這本《湖濱散記》。

這本書的內容，其實更多的是亨利・梭羅對於生活的一些思考，以及對「簡單生活即是美」這個信念的提倡，不過由於文字淺白，高年級的小朋友來欣賞是沒有問題的。小朋友不妨留心看看亨利・梭羅是如何描寫美麗的華登湖。如果也能從書中引發一些思考，那就更好了。其實高年級的小朋友也應該開始接觸一些帶有哲思的書籍，無論對於性情的陶冶以及作文內涵的提升，都會有所幫助。

房老師的趣味語文活動

攝影師和照相機

房老師問：「大家喜歡照相嗎？」

有的說喜歡，也有的說不大喜歡。

房老師又問：「那大家有沒有發現，你看到的景色和拍出來的相片裡的景色，會不會有什麼不一樣？」

李思瑤說：「有啊，我發現相片裡的景色要比眼睛裡看到的景色美多了，有時候看上去很差的茅屋在相片裡好像都變得很漂亮。」

大家七嘴八舌，都說也有這種感覺，但是又都說不出原因來。

房老師說：「這個問題我們不妨待會兒再討論。今天房老師想帶大家來玩一個『攝影師和照相機』的遊戲。活動規則是這樣的：兩個小朋友為一組，輪流扮演『攝影師』與『照相機』的角色。『照相機』的眼睛先閉上。扮演『攝影師』的同學選擇好自己喜歡的景物，按住『照相機』同學的肩膀，調整『照相機』的位置和方向，一旦確認『照相機』的鏡頭對準了所要拍攝的景物，就拍一下肩膀，『照相機』就打開眼睛，根據『攝影師』的要求，可以按快門，也可以拍慢鏡頭。當『攝影師』再次按一下『照相機』的肩膀，『照相機』就要閉上眼睛，表示關上鏡頭盒蓋了。這樣過了一會兒，兩個人就停下來交流一下剛才所看到的景物，看看同樣的景物，『攝影師』和『照相機』哪一個能夠說得最美、也最具體。然後兩個人交換角色，再玩同樣的遊戲。」

房老師先把小朋友分組後，再帶大家來到一座寺廟前。寺前有花，有草，有樹，有菜。一眼看過去，豐富多彩。

孩子們很快的就開始分頭行動了。但一開始，很多小朋友好像都是漫無目的的亂拍。

房老師叫住了一個正在亂拍的一組男生，詢問他們都照到什麼美景了。

木訥的吳忠奇說他『拍』到了一棵樹。吳忠奇剛才是擔任『照相機』。

房老師問：「什麼樣的樹？」

「茂盛的樹。」他這麼回答。

房老師又問：「『茂盛』又是怎樣的一個樣子呢？」

吳忠奇說：「就是樹很大很大，葉子很多很多。」

房老師問：「還有嗎？」

吳忠奇不再說話了。

房老師說：「看來你這個相機剛才一定是晃動啦，所以留在腦袋裡的那張相片才是模糊一片。你們這一組趕快再去『拍』一張清晰的相片來吧。」

過了一會兒，吳忠奇又來報告了。「我拍到的那棵樹非常高大，樹的枝幹很粗。大片大片的圓葉子，挨著挨著，一疊一疊的，綠綠的，充滿著生機。」

孩子們都全身心的投入到觀察中，用這種非常有趣的方式，不斷變換觀察的方式，不斷補充美好的細節，也不時會冒出一些新鮮的詞語，來解釋他們心中和眼中的美景。

李思博說：「我和歐夢賢『拍』到了兩張有趣的相片，一張是一株植物，它的葉子像波浪，上面有刺。一張是花，它的花瓣是旋轉著長的，顏色很紅豔。」

鄒應萍說：「我和李佳薇一組，李佳薇是攝影師，她說她發現了一棵像蘑菇一樣的樹，然後把我拉到這棵樹的面前。我睜開眼睛，仔細一看，看到了樹上有蜘蛛網，網上有許多露珠。這棵樹很矮，我覺得就像李佳薇說的一樣，像個大蘑菇。」

回到教室以後，房老師總結說：「大家今天的活動或許可以回答我們之前困惑的問題，那就是為什麼拍出來的鏡頭要比眼中所看到的要美呢？那是因為我們拍照的時候，總會很用心去選擇自己喜歡的鏡頭。但為什麼一開始我們看不到景物的美？大家細心想想，開始看到各種景物時，好像都美，又好像差不多，原本相聯的景物在相互影響，自然感覺不到美。美是藏在各種事物中的。而照相機拍下的相片，往往確定了一個觀察的角度，有了具體的景物，你也不會受到其他無關的景物的干擾，就會覺得相片美了。我們作文碰到要寫景的時候，一樣要選好自己的角度，用整個身心去觀察，這樣才能真正發現到景物的美，並且把那分美感準確的寫出來。」

快樂習作

讓小朋友練習具體描寫一個地方，重點放在這個地方是什麼樣子，季節更替會帶來什麼樣的變化；如果還能自然的帶到在這個地方曾經有什麼令人難忘的人事物，當然會很好。

外婆家的小院子

◎陳慧瑤

外婆家的小院子很美，我們都非常喜歡它。

院子的南面有幾棵常青的桂花樹，每逢八月，桂花開放，院子裡飄滿著溫馨的芳香。一陣風吹來，給人一種心曠神怡的感覺。

院子的西南角有一棵枇杷樹，當枇杷成熟時，我和哥哥，一個拿棒打，一個在下面撿。枇杷有的吃起來甜甜的，有的酸酸的。枇杷樹下面有張石凳，晚上，在那乘涼最舒服。

院子北面是菜園，那裡是外公外婆辛勤勞動的樂園。裡面種有玉米、番茄、黃瓜……各式各樣、五顏六色。每逢蔬菜成熟，我們就興高采烈的幫他們摘取，外公外婆還讓我們把他們的勞動成果，大包小包的帶回家品嘗。院子裡的小雞躲在樹蔭下睡懶覺，鴨子們也忙著在院子周圍尋找食物，有時還偷溜進菜園，吃上幾片新鮮的蔬菜，讓人哭笑不得。

外婆家的院子真美啊！

尋找春天 ◎李思瑤

早上一起來，就覺得天氣變暖和了。我連忙脫掉厚厚的棉襖，換上了薄外套。風吹在臉上不再刺骨了，我想：春天來了，我要去外面尋找春天！

走出門，耳邊傳來一陣陣的鳥叫聲，好像在說「伙伴們，快出來呀，春天來了！」天空中，偶爾有幾朵茸毛似的白雲輕輕掠過，好像為了襯托那令人嚮往的藍天。空中，偶爾飛過幾隻小燕子，我想：連美麗的小燕子都從南方回來了，看來春天真的來臨了。光禿禿的樹枝上，長出了綠芽兒，像小鳥的尖嘴兒一般。遠遠的望著草地，像一塊綠色的地毯，走近一看，卻又無影無蹤了，只看見一點兒的綠芽兒，果然是「草色遙看近卻無」。

我來到小溪邊，地上的蘆葦芽兒才冒出來一點點，非常的短，我看見溪水在歡快的流淌，聽見那水演奏出的美妙的樂曲。「春江水暖鴨先知」，幾隻不怕冷的鴨子，早已耐不住冬天的寂寞，迫不及待的下了河，「嘎嘎」的叫著，好像在說：「大家快來玩水呀，水已經變得暖和了。」我用手一試，的確不那麼冰涼了。

我終於尋找到了春天，原來春天在原野裡，在小溪旁，更在小朋友的心田裡。

管阿姨點評

這兩篇作品讀起來的感覺都挺抒情的，兩個小作者在寫景這方面做得不錯，不僅描寫得相當生動，還有一種童趣。

不過，在思瑤小朋友的作品中，「春江水暖鴨先知」這一句用得還不錯，「草色遙看近卻無」這一句就用得有一點怪，至少不是那麼自然。

第十一課 中國民間傳說

關於中國民間傳說

中國民間傳說是先民所創造的精神財富，它們和「神話傳說」一樣，最早都是靠著口語來流傳，只是更強調「民間」這兩個字，也就是說從故事內容來看，顯然比「神話傳說」更深入、也更貼近老祖宗們的生活。

一般來說，民間傳說大致可分成幾類：

第一類，告訴我們萬事萬物是怎麼來的。譬如花生為什麼是長在土裡而不是長在樹上？為什麼會有稻穀？中國人為什麼不喜歡烏鴉，為什麼一聽到烏鴉叫就覺得是觸霉頭？

第二類，告訴我們大自然的故事。在民間傳說中，每一個名山大川、湖泊小溪，都彷彿有一個精靈，有一個故事。

第三類，告訴我們許多節日的由來。包括為什麼不同的節日會有不同的習慣與禁忌，為什麼要吃不同的食物等。

第四類，告訴我們許多名人的另一面。在民間傳說中，有許多很有趣、也很有意思的稗官野史。這一類的民間傳說，有許多也可以說是反應出老百姓普遍的心理渴望，比方說有關「包青天」的豐富的民間傳說，就是在廣大老百姓「渴望清官」的心理下所產生的。

第五類，告訴我們許多市井小民的故事。在這一部分中，有些像是童話，有些像是笑話，其中也蘊含了很多老祖宗的生活經驗和人生智慧。

總之，民間傳說呈現了老祖宗生活的各個層面。從這些豐富的民間傳說中，我們除了可以欣賞一個個精采的故事，欣賞老祖宗對於萬事萬物種種饒富趣味的奇思妙想之外，也可從中看出許多老祖宗生活的軌跡，體會到老祖宗的處世哲學；有的或許已不合時宜，有的卻似乎永遠也不會被時代所淘汰。

有些民間傳說還成了日後很多文學作品的重要源頭，這也就更增加了民間傳說的可看性。

此外，民間傳說也為我們這些現代人增加了很多生活情趣，讓我們信手拈來都是故事；儘管人類都早已登陸月球了，可是親朋好友在中秋夜聚在一起賞月時，想一想、說一說有關中秋的民間傳說，還是一件挺愜意的事，又譬如當我們在西湖邊散步，行經《白蛇傳》中白娘子與許仙邂逅的那座斷橋，不是也會更增添幾分詩情畫意嗎？

開心閱讀

（轉載自《小學生必讀的40本好書》管家琪◎著，幼獅）

如果生活中能夠找得到好的素材，那是非常難得的事，這個時候就要看你有沒有足夠的駕馭文字的能力以及組織的能力，能不能把這個好的題材處理得比較完美；否則，就是浪費了一個好的題材。

可是，我們一般人真實的生活當中畢竟沒有那麼多的大風大浪，就算經歷過大風大浪，也不見得就都能夠寫得好，這就好像小朋友的爺爺奶奶輩大多都經歷過戰亂，這個生活經驗夠深刻夠豐富了吧，可是又有幾個成了作家呢？寫作的祕訣，除了想像力以及同理心之外，還要懂得把握住一個很重要的技巧，那就是「小題大作」。

什麼是「小題大作」？首先，是不要輕易放過任何一個可以表現的題材，其次，當你有了一個可以寫的題材的時候，不要草率放過，一定要想辦法做細緻的處理和挖掘，把這個題材可以發揮的地方充分發揮到極致。

多讀一讀民間傳說，你就可以好好領略一下老祖宗們「小題大作」的本事，有時只針對一種植物、一個動物、一個東西、一座山、一個湖、一條小溪、一個習慣……一切的一切，老祖宗們都能夠想出一個故事，用故事來加以解釋，實在是太厲害了。民間傳說，實在是一座豐富的文學寶藏。

房老師的趣味語文活動

魔術放大鏡

房老師問：「大家玩過放大鏡嗎？你們曾經用它來觀察什麼嗎？」

房婉瑩首先說：「我玩過放大鏡，它可以把看到的東西放大。我看過一個同學的臉，他的眼睛比我們的臉蛋還大，好嚇人。」

陳儀說：「我用放大鏡看過正在找食物的螞蟻，小小的螞蟻變得好大好大，牠們幾隻螞蟻拖著一隻大青蟲——嗯，其實那隻青蟲本來是很小的，可是被放大鏡一照，就變成一隻很大很大的蟲子了。我用放大鏡看牠們走過小坑小溝，看起來很像是在爬山越嶺。」

房老師說：「是啊，放大鏡就有這麼一個神奇的作用，能夠將原本毫不起眼的東西放大到讓你震驚的地步。今天，老師就想帶大家玩一個叫作

『魔術放大鏡』的遊戲。老師不會給你一個真的放大鏡，你們的眼睛就是你們的魔術放大鏡。讓我們走進大自然，貼近草叢，蹲在小溪邊，用眼睛這個神奇的魔術放大鏡，透過觀察和想像，把你看到的一些細微的場景，放大成一個又一個大大的城市啊、鄉村啊，你也可以選擇一隻小小的生物當作你的朋友，然後跟著他一起遊山玩水或是做一些其他有趣的行動，這一定會是一番奇妙有趣的經歷。」

大家立刻就對這個遊戲產生了興趣。但是也有的同學表示懷疑，認為沒有一個真正的放大鏡拿在手上，怎麼能夠將一隻小螞蟻看成是一個張牙舞爪的怪獸，又怎麼能將一株小草看成是一棵參天大樹呢？

稍後，房老師帶大家來到一條鄰近江畔的小山邊。這裡有嫩綠的草坪，有鬆軟的沙地，有深淺不一的水溝，有彎彎曲曲的山徑，有各式各樣的樹木，還有一塊種了不少菜的田地。房老師告訴大家，在這附近一定藏著不少小生命的蹤影。

大家開始選擇自己的微縮世界。房老師在一旁提醒孩子們，一定要安靜的面對這個微縮世界裡的小生命，只有靜下來，做一個尊重生命的同類，才能夠走進去，才能夠看懂這個平日裡毫不起眼的世界是如此的吸引人。

孩子們紛紛散開，有的彎下腰盯著茄子葉上的瓢蟲，有的痴痴的看著一隻小螞蟻爬上一片葉子又掉下來，有的蹲下身子看水中的小泥鰍、小蝦子、小魚兒的快活遊戲，有的撲在沙地上一動不動，擔心驚飛了正在草叢裡比武的蚱蜢呢……

孩子們大部分都很投入，只有兩三個靜不下來的男生，東看一下，西瞧一下，有些不耐煩的樣子。房老師就帶他們一起看江水，玩沙石，用眼睛和心靈來放大水中的世界。

回到教室以後，大家都開始迫不及待的想要將自己看到的微縮世界與大家分享。

李思瑤說：「我在玉米地裡看到了一隻蜘蛛，牠就像一個將軍坐在蜘蛛網中央，那簡直是一個天堂，牠時而在上面跳舞，時而表演踩鋼絲，時而像一個元帥一樣去捕捉撞上門來的敵人。牠的生活可豐富了。」

徐旋一說：「我蹲在地上，看到兩隻蝸牛一前一後爬過來。牠們小心翼翼的走著。那土坑如同一個盆地，而兩隻勇敢的蝸牛還是那麼從容的往前走著。那麼陡的土壁，牠們就像走在平地一樣。我在牠們前進的路上設置了一個瓦片城堡，我用一根棍子在後面追趕著牠們。牠們翻了一個跟頭，不動了，似乎是在想是不是地震了。我直接將牠們空降到瓦片城堡。哈哈，那粗糙而又堅硬的地面，讓牠們以為到了大戈壁，馬上『小跑』起來。在瓦片上，留下兩道閃亮的粘液，就像飛機在空中留下的白霧一樣。我想牠們一定是在釋放一種武器，讓自己安全的通過大戈壁吧。」

鄧哲說：「我看到寬闊的玉米葉如同飛機場的跑道，一隻紅色的蜻蜓就像一架戰鬥機，突然從遠處的天空飛過來，撞上了飛機場跑道的最前端。它的腳就像一塊巨大的磁鐵，牢牢吸在葉子的最前端。那飛機場跑道顫抖了幾下，我真擔心飛機場跑道會斷開，但很快恢復了寧靜。多麼有韌性的飛機場跑道，多麼大膽的戰鬥機飛行員！」

房老師總結說：「小朋友們想想看，為什麼平日毫不起眼的事情現在能夠引起大家這麼大的興趣？這跟我們的『魔術放大鏡』是分不開的。其實在我們的生活中，每天都會有許多普普通通的事情發生，就跟這些蜘蛛啊蚱蜢啊蜻蜓啊做的事情一樣毫不起眼。但如果我們能夠蹲下去，換個角度去看，你很可能就會發現到一些不平凡的東西。希望大家都能經常練習用自己的『魔術放大鏡』來看待周遭的人事物，練習小題大作，讓我們的作文更出色。」

快樂習作

讓小朋友選擇一個題材，最好是大家都比較熟悉的題材，然後想辦法用心觀察、用心描寫，描寫得愈豐富愈生動愈好。

我家的老屋

◎歐宇娟

大家好，我給大家介紹一下我們的老屋。

老屋是兩百年前建築的，是我爺爺的老太爺長大的地方，那裡坐北朝南，我們那有八棟古老的小屋子，我們鬧洞房，辦喪事，夏天乘涼……都在那裡。老屋有兩塊牆匾，從外面看它舊舊的，可進去一看卻還滿新的。

那裡也是打仗時的避難之處，上牆有一個洞是打仗時炸的，現在有三個老人搬進來了，老屋非常簡單，都是土石做的，如果用一個大石頭往上一打，對面就會很大聲，有時還會以為是地震來了呢，老屋也是我現在的遊戲樂園。

老屋有很多的歷史故事，如果我要把它寫出來，那就成了一本書了。如果有一天這棟老屋要拆，我一定要先用照相機把它拍下來。

歡迎你來到我家鄉來，我帶你去遊老屋。

家鄉的春節 ◎張惠玲

歡迎到我的家鄉南江鎮來，就讓我來告訴大家，我們南江鎮過春節有什麼活動。在我們這裡，春節是非常特殊、熱鬧的。

對我們小孩子來說，我們在春節裡最喜歡的活動有「辭歲」和「玩火龍」。

辭歲就是在除夕那天晚上，邀上幾個要好的朋友，每人手裡提著花燈，右手拿著一個袋子，挨家挨戶的對主人說：「恭喜發財，給您辭歲來啦！」

主人就會高興的分給我們一些糖或是水果。那個時候，路上來來往往的都是三個一夥、五個一群的叫著笑著的小孩子，熱鬧極了，我們也跑得不亦樂乎。幾個小時下來，就可以辭到滿滿的一袋果子了，是不是很有趣呢？要是你說的吉祥話，讓主人很開心，還會多分到些糖。

到了正月初一晚上就可以玩火龍了，火龍怎麼玩呢？用稻草先紮個把子，在把子上糊上一層紅紙，再插上幾根香火，一條火龍就做好了，只等天黑。每個人舉著一節龍，還有一個人就拿個茶盤當鑼打。到別人家去玩火龍時，在進門的時候幾個人要齊聲說：「大門大門快打開，火龍火龍要進來，火龍頭上長了兩個角，恭賀你家孩子考大學！」主人就會給玩火龍的人送上早已準備好的紅包。

過春節時，我的家鄉還有許多的活動，等你來了我們南江鎮，我再一一給你介紹吧。

管阿姨點評

很多時候，當我們覺得好像沒什麼題材好寫，實際上往往是因為我們對很多題材都已經習以為常、見怪不怪，甚至視而不見了（譬如過年）。實際上，不怕寫普通的題材，也不怕寫大家常寫的題材，能不能寫得好，還是要看你能不能把這個題材處理好。

何況，各地有關過年的習俗多多少少總還是會有些不一樣，每個家庭也可能會有一些家庭專屬的「節目」，這些都是可以好好發揮的地方。

哪怕是一個表面上看起來好像很簡單的題材（譬如住家附近的老房子），如果你能夠像一個小記者一樣去採訪一下，蒐集一下資料，也許就會發現原來也是一個很值得寫的題材。

「小題大作」，本來就是作文的一個重要技巧，小朋友不妨好好體會。

第十二課 長襪子皮皮

關於《長襪子皮皮》

如果說《湯姆歷險記》中的湯姆是一個令人難忘的「淘氣男孩」，那麼，《長襪子皮皮》中的皮皮就是一個同樣令人印象深刻、難以忘懷的「淘氣女孩」了。

《長襪子皮皮》的作者是瑞典作家林格倫（1904～2002年）。馬克・吐溫曾經說，《湯姆歷險記》所描寫的就是他自己的童年往事，林格倫則表示，「皮皮」這個形象是根據她自己童年時代「夢想中的自我形象」所創造出來的；這就註定了湯姆再怎麼調皮搗蛋，仍然是在現實的基礎上，進行種種「寓冒險於遊戲」的活動，皮皮則就完全可以天馬行空，上天下地了。

這也正是為什麼《湯姆歷險記》是小說，而《長襪子皮皮》是童話的區別。儘管從事各種文體的寫作都很需要想像（當一個明明已經是大人的作家，還要能夠那麼自然、那麼絲絲入扣的重現自己童年時代的心境和思維，難道不是一種了不起的想像嗎？）不過就本質上來說，小說的本質畢竟是「寫實」，童話的本質則是「幻想」。

如前所述，「皮皮」這個形象是林格倫根據自己小時候的渴望所創造出來的；林格倫小的時候渴望什麼呢？據她自己對外表示，小時候她最渴望沒人管，每天都高高興興，不時還有機會伸張正義。

現在我們來看看皮皮是一個怎麼樣的女孩。首先，她是一個孤女。若是在現實生活中，「孤女」是很不幸的，但是林格倫卻用這樣一種方式來滿足「徹底沒人管」的渴望。其次，皮皮善良、開朗，確實是一個快樂的女孩。最後，為了讓皮皮不時可以伸張正義，林格倫除了讓她很有正義感之外，還讓她擁有「特異功能」和特殊的「道具」——比方說，皮皮力大無窮，有一個神奇的箱子，裡頭的金幣取之不盡等等。

皮皮的外表看起來不怎麼樣，絕不是那種精緻得活像是洋娃娃的小公主型，甚至可以說還挺卡通的——她有一頭紅髮，但總是紮成兩條硬邦邦的小辮子，臉上有很多雀斑，嘴巴大大的，牙齒很潔白，穿著邋裡邋遢，長襪子居然還顏色不同，一隻棕色，一隻黑色，鞋子的大小也不合，正好比她的腳丫子大一倍！

不過，儘管有點兒其貌不揚，皮皮卻是一個很討喜的小姑娘；只要讀過《長襪子皮皮》，你就一定不會忘記她。

《長襪子皮皮》在一九四五年出版時，曾經引起有些大人的「不安」，因為皮皮不是那種循規蹈矩的孩子，她太常不按牌理出牌啦，可是孩子們卻都非常喜歡皮皮，這促使林格倫後來等於是在廣大小讀者的要求下，又寫了關於皮皮的續集。

林格倫曾經說，她從來不想高高在上的教訓小朋友，只想和小讀者們痛痛快快的玩；閱讀《長襪子皮皮》及其續篇，確實會讓小朋友們充分獲得閱讀的樂趣。

（轉載自《小學生必讀的40本好書》管家琪◎著，幼獅）

開心閱讀

一篇作文，如果你已經可以把基本的問題，包括正確的用字遣詞、敘述清晰、內容充實等各方面都加以掌握，你還可以考慮一個問題，那就是琢磨該怎麼樣吸引讀者，甚至是如何以最快的速度來吸引讀者。

你可能需要在文章的架構，特別是開頭處多用些心思，也就是所謂的「破題」，不過更重要的還是在內容。一篇作文，如果能夠在內容上吸引人，或者也可以說如果能夠找到吸引人的內容（也就是寫作題材），往往就成功了一大半。

在這一方面，小朋友如果多看些精采的童話作品，應該比較能夠得到啟示。

房老師的趣味語文活動

萬花筒

房老師拿出一根普通的繩子，問大家：「這根繩子有沒有吸引你的地方？」

李思瑤說：「有。它不是我們平常跳繩用的橡皮筋。」

陳儀說：「是啊，它還出現在老師手中，很神祕的。」

房老師笑了笑，「假如我告訴你，這是魔術大師劉謙用過的那根剪不斷的魔法繩子呢？」

這會兒，大家的興趣都來了，幾個男生還站了起來。李澤南說：「這才有趣。老師是從哪兒得來的？能不能表演給我們看看啊？」

王亞洲說：「我不信，老師怎麼能得到這根繩子？」

房老師說：「你看，原本一根普通的繩子，為什麼一開始只是少數女生感興趣，後來卻能夠吸引所有同學的注意力？」

房婉瑩說：「因為後來你告訴了大家一個資訊，說它是來自魔術大師劉謙的手裡。」

房老師說：「是啊。寫文章同樣如此。你想要吸引讀者，就應該開門見山的寫出最吸引人的內容。問題是我們的生活一般都很普通，我們又怎樣才能找到這麼多吸引人的內容？」

這時，房老師拿出了一個自製的萬花筒，它是由三塊狹長的鏡子，砌成正三角形的圓柱體，外面圍著硬紙筒，一頭用毛玻璃封好，一頭開孔。

房老師將一些普通的彩色碎紙放到三角形圓柱體的中間，請了幾個同學上去觀看。老師還不停的轉動著萬花筒，由於三面鏡子中的影像相互反射，實物與鏡中影像隨著轉動而不停的組合成不同對稱的形狀，千變萬化，大家都嘖嘖稱奇。

房老師說：「原本很普通的碎紙片，由於有了萬花筒這樣的工具，就能帶給大家百看不厭的驚喜。今天帶大家到江邊沙地上玩『萬花筒』的活動。你們就是『萬花筒』，你會讓沙地上的石頭變得美麗或是特別嗎？」

稍後，房老師帶著同學們來到江邊的沙地上。

江邊的石頭看起來好像仍然和以前一樣的毫不起眼。孩子們聽老師的話，設法用一種比較新奇的角度，把自己想像成是一個萬花筒，蹲下來，用心的尋找著。

忽然，李澤南大叫：「誰掉的『健身球』啊？快來看！」

大家都跑了過去，看到李澤南手中拿著兩個滾圓的鵝卵石。

王亞洲馬上撿起身邊一個滿是窟窿的石頭，說：「我也有寶貝呢。」

旁邊的女生嘟著嘴說：「收破爛啊！」

王亞洲說：「你可不要小看這個石頭，這可是大蜂窩化石呢！你看，中間那個尖尖肚子的小蟲可是蜂王，哇，還可以看到翅膀上的花紋。」

經過王亞洲這麼一解釋，馬上就吸引了大家的注意，連本來不喜歡這塊石頭的女生，也搶著去看那神奇的『蜂王』了。

很快的，大家就像發現了新大陸一樣，找到了許多好玩的石頭。有的從布滿苔蘚的石頭縫中「捉到了一個老和尚」，有的用水沖洗出「一隻千年縮頭烏龜」，有的採到了「漂流到淺灘的珊瑚礁」。

房老師找到了一個很粗糙的石頭，然後將同學們喊過去，說要測試各個『萬花筒』的功能。

「你們看到了什麼？」房老師問。

沈洋歪著頭看了看，說：「變形的芋頭。」

張娜摸摸石頭，說：「長泡泡的油條。」

房老師將石頭直立起來，湊近幾個同學的眼睛，說：「萬花筒啊萬花筒，你可要多轉轉，轉出更美的東西來啊。」

忽然，徐旋一大叫起來：「我看到彌勒佛了！」

真像！你們看，老師捏住了他的長耳朵，那兩條黑線不是很像笑瞇著眼的彌勒佛嗎？」

站在徐旋一那個方向的同學先後都說看到了。房老師就繼續轉動著讓所有的小朋友看，大家都很驚訝，連連稱讚說沒想到這個普普通通的石頭，竟然還真的那麼像憨厚可愛的彌勒佛。

房老師說：「石頭變美了，是不是？生活中並不是缺少美，而是我們缺乏發現美的眼光。如果能夠做一個萬花筒，能夠從不同的角度去觀察、去思考，生活一定會是豐富多彩的。」

稍後回到教室以後，房老師總結說：「我們寫作的內容大多是普通的生活。如何從普通的生活中寫出能夠快速吸引讀者的內容呢？就像我們做『萬花筒』是一個道理，比方說你可以改變寫作的方式，用童話的形式來寫小動物的自我介紹，用書信的形式來紀錄我們的一次活動，用寫提案的格式來訂計畫，用寫招領啟事的樣式來寫物，用導遊的口吻來寫風景，用說明書的方法寫人，嘗試用種種不同的形式讓我們的作文變得有趣起來。當然，也可以從作文的內容入手，透過挖掘內容中的動人之處，以事實來吸引讀者，進而獲得先聲奪人的效果。」

快樂習作

讓小朋友想一想，有什麼樣的奇思妙想，你猜別人不一定會這麼想的呢？或者你有沒有一些特別的東西（包括寵物），或是經驗，是別人不一定會有的呢？

假如記憶可以移植

◎房婉瑩

假如記憶可以移植，我就把瑞典小女孩皮皮的記憶移植給我。

那樣的話，我就可以和朋友們去撿破爛，沒有人會阻攔我。

我還會為了正義去打架，我一定把我火焰般的頭髮剪下來，去燒那些專門欺負弱小的男孩。

我還會帶全班同學去我爸爸的小島上撿珍珠，全部發給那些成績不好，還被富太太辱罵的孩子們。

我還會把馬廄裡所有的馬都一一的牽出來，用剩下的金幣去買口哨，讓所有的孩子都能擁有自己的馬和小口哨，他們就能從中體會到騎馬和吹口哨的樂趣。

如果員警還讓我去讀書，我一定會自豪的告訴他：「我要上學去，我已經很聰明了呢，連小數乘法都會了，可以直接讀五年級。」

我還會尋找一種東西，叫作克彭絲絲，為什麼要起這樣的名字呢？因為我喜歡追求別人不知道的東西，至於它在哪裡——我還沒有找到，我相信只要我努力，一定沒有找不到的東西，就像上次我找到了那個小東西一樣。

記憶到底會不會移植呢？那就要看我們的了。

童年的朋友

◎張惠玲

我有許許多多的玩具，它們都是我的好朋友。和我接觸最多的玩具朋友是毛絨絨的小狗。

小狗的毛是白綠相間的，眼睛是用玻璃做的，在這玻璃裡還有一顆黑珠子，動來動去，可愛極了。小狗的脖子上還戴著一個紅色的蝴蝶結。

我無論走到哪裡都會把小狗帶在身邊，做作業時，我只要一看到它，再難的題目也想得出來，因為它鼓勵我要好好學習。睡覺時，我常常抱著它睡，因為在冬天，它讓我覺得很暖和。有時，還跟它聊天，我在親人之間說不出口的事，卻能跟小狗說。這只小狗是我的知心朋友。

有時，我的好朋友會把自己的玩具帶出來，跟大家一起玩扮家家酒呢。當我開心時，它笑；當我煩惱時，它也笑，看著它那張開心的臉，我自己也開心起來。

這隻小狗帶給我許多的快樂，我喜歡這隻玩具小狗。

管阿姨點評

這兩篇作品，大體而言都寫得不錯，但如果就題材而言，婉瑩小朋友的想像就比較吸引人。不過，婉瑩小朋友最後一句「記憶到底會不會移植呢？那就要看我們的了」，有點兒語焉不詳，好像是不知道該怎麼結束才會這麼寫，使得整篇文章有一種虎頭蛇尾的感覺，相當可惜。

讀寫結合

延伸閱讀書單

1 《安徒生童話》安徒生

2 《王爾德童話》王爾德

3 《列那狐的故事》（法國動物史詩）

4 《三國演義》羅貫中

5 《鏡花緣》李汝珍

6 《哈克貝利・費恩歷險記》馬克・吐溫

7 《長腿叔叔》琴・韋伯斯特

8 《清秀佳人》系列 露西・蒙哥馬利

9 《海底兩萬里》凡爾納

10 《時光機》威爾斯

11 《聊齋誌異》蒲松齡

12 《史記》司馬遷

13 《基督山恩仇記》大仲馬

14 《唐吉軻德》塞萬提斯

15 《化身博士》史蒂文生

16 《科學怪人》瑪麗・雪萊

17 《小王子》聖修伯理

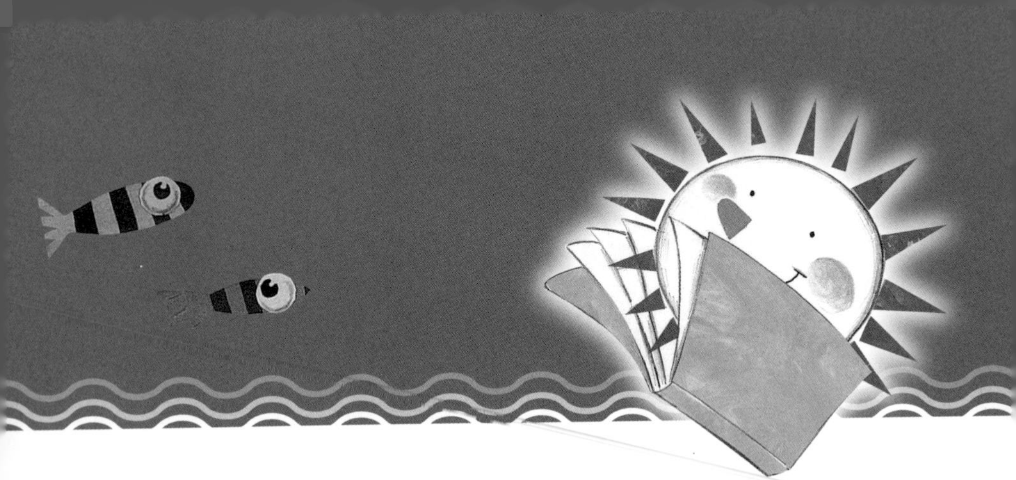

18 《格列佛遊記》約拿丹·史威夫特

19 《小婦人》露意莎·梅·奧爾柯特

20 《簡·愛》夏綠蒂·勃朗特

21 《傲慢與偏見》珍·奧斯汀

22 《理性與感性》珍·奧斯汀

23 《咆哮山莊》愛蜜麗·勃朗特

國家圖書館出版品預行編目資料

作文好好玩：讀寫結合〔高級〕／管家琪、房科劍作；吳嘉鴻繪圖. --初版 . --台北市：幼獅，2012.04
面； 公分. --（多寶槅.文藝抽屜；189）
ISBN 978-957-574-867-8（平裝）

1.漢語教學 2.作文 3.寫作法 4.小學教學

523.313 101002223

・多寶槅189・文藝抽屜

作文好好玩：讀寫結合〔高級〕

作　　者＝管家琪、房科劍
繪　　圖＝吳嘉鴻
出 版 者＝幼獅文化事業股份有限公司
發 行 人＝李鍾桂
總 經 理＝廖翰聲
總 編 輯＝劉淑華
主　　編＝林泊瑜
編　　輯＝朱燕翔
美術編輯＝李祥銘
總 公 司＝10045台北市重慶南路1段66-1號3樓
電　　話＝(02)2311-2832
傳　　真＝(02)2311-5368
郵政劃撥＝00033368

門市
・松江展示中心：10422台北市松江路219號
電話：(02)2502-5858轉734　傳真：(02)2503-6601
・苗栗育達店：36143苗栗縣造橋鄉談文村學府路168號（育達商業科技大學內）
電話：(037)652-191　傳真：(037)652-251

印　　刷＝崇寶彩藝印刷股份有限公司
定　　價＝280元
港　　幣＝93元
初　　版＝2012.04
書　　號＝988141

幼獅樂讀網
http://www.youth.com.tw
e-mail:customer@youth.com.tw

行政院新聞局核准登記證局版台業字第0143號

幼獅文化公司／讀者服務卡／

感謝您購買幼獅公司出版的好書！
為提升服務品質與出版更優質的圖書，敬請撥冗填寫後（免貼郵票）擲寄本公司，或傳真（傳真電話02-23115368），我們將參考您的意見、分享您的觀點，出版更多的好書。並不定期提供您相關書訊、活動、特惠專案等。謝謝！

基本資料

姓名：……………………先生／小姐

婚姻狀況：□已婚 □未婚　職業：□學生 □公教 □上班族 □家管 □其他

出生：民國……………年……………月……………日

電話：（公）……………（宅）……………（手機）……………

e-mail：……………………

聯絡地址：……………………

1.您所購買的書名：**作文好好玩：讀寫結合〔高級〕**

2.您通常以何種方式購書?：□1.書店買書 □2.網路購書 □3.傳真訂購 □4.郵局劃撥 □5.幼獅門市 □6.團體訂購 □7.其他
（可複選）

3.您是否曾買過幼獅其他出版品：□是，□1.圖書 □2.幼獅文藝 □3.幼獅少年
□否

4.您從何處得知本書訊息：□1.師長介紹 □2.朋友介紹 □3.幼獅少年雜誌 □4.幼獅文藝雜誌 □5.報章雜誌書評介紹……………報 □6.DM傳單、海報 □7.書店 □8.廣播(　　　) □9.電子報、edm □10.其他……………
（可複選）

5.您喜歡本書的原因：□1.作者 □2.書名 □3.內容 □4.封面設計 □5.其他

6.您不喜歡本書的原因：□1.作者 □2.書名 □3.內容 □4.封面設計 □5.其他

7.您希望得知的出版訊息：□1.青少年讀物 □2.兒童讀物 □3.親子叢書 □4.教師充電系列 □5.其他

8.您覺得本書的價格：□1.偏高 □2.合理 □3.偏低

9.讀完本書後您覺得：□1.很有收穫 □2.有收穫 □3.收穫不多 □4.沒收穫

10.敬請推薦親友，共同加入我們的閱讀計畫，我們將適時寄送相關書訊，以豐富書香與心靈的空間：

(1)姓名……………e-mail……………電話……………
(2)姓名……………e-mail……………電話……………
(3)姓名……………e-mail……………電話……………

11.您對本書或本公司的建議：

廣　告　回　信
台北郵局登記證
台北廣字第942號

請直接投郵　免貼郵票

10045　台北市重慶南路一段66-1號3樓

幼獅文化事業股份有限公司 收

請沿虛線對折寄回

客服專線：02-23112832分機208　　傳真：02-23115368
e-mail：customer@youth.com.tw
幼獅樂讀網http：//www.youth.com.tw